보는 것을 보는 눈이
행복하다

보는 것을 보는 눈이 행복하다

관옥 **이현주** 지음

kmc

새벽마다 습관처럼 성경을 펼칩니다.
아무데나 눈길 닿는 대로 읽어봅니다.

신학교에서는 성경을 그렇게 읽지 말라고,
조직과 질서를 갖추어 읽으라고 배웠지만
만물이 한 송이 꽃[萬物一華]이라는
스승의 말씀 한 마디에 용기를 내어,
보물의 가치란 보이는 대상에 있지 않고
그것을 보는 눈에 있음을 믿고서,
아무데나 눈길 닿는 곳을 읽어봅니다.

읽으면서 거기 있는 언어들이 되살아나
무슨 말을 하고 있는지, 귀 기울여 들어봅니다.
들리는 말씀이 있으면 있는 그대로 적어놓고
돌이켜 내 속에 드릴 말씀이 있는지
찾아보아, 있으면 그도 있는 대로 적어봅니다.

이 작은 책은 그 초라한 결실입니다.
고맙고 또 고마울 따름입니다.

2008.7.
관옥 이현주 목사

머리말 _4

◎ 가난한 사람이 하나도 없었다 _12

성령의 인도를 받는 사람 마태오복음 4:1
모든 일이 연합하여 필립비 1:12
시키시는 대로 민수기 3:51
가난한 사람이 하나도 없었다 사도행전 4:32~34
속절없는 나그네 인생 창세기 33:18~20
폭력의 수렁에서 여호수아 8:23~25
속속들이 착한 사람 집회서 39:26~27
어떻게 대처하는지를 보면 마르코복음 7:24
희언자연 전도서 5:1
소용돌이 세상에서 마태오복음 4:11
진면목 루가복음 10:23
헛된 공사 예레미아 51:58
닮은꼴 갈라디아 3:26
지금 여기에 잠언 8:1~3
터무니없는 착각 로마서 16:21~23
없는 발자취 시편 77:19~20
왜 그 길을 가는가? 루가복음 9:23~24

밑바닥 사무엘하 15:13~16
세상에서 밀려난 예수 마태오복음 8:34
사는 길, 죽는 길 호세아 12:11~12
여기 가만히 사도행전 23:11
그럴 마음이 있는가? 요한복음 13:12~15
그 일을 하는 이는 누구인가? 창세기 41:14~1
나그네 길 사도행전 28:11~14
더 불쌍한 인생 욥기 34:1~4
복된 수련기 다니엘 4:31~33
땅에서 하늘을 사는 사람 사도행전 7:54~58
미련 없이 가는 길 사도행전 8:39
나의 일과 하느님의 일 잠언 16:33
반경 십미터만이라도 루가복음 3:1~2
하늘은 꺾지 않는다 사무엘상 8:19~22
이 흥할 것들! 미가 2:1~3
가깝고 쉬운 곳에 로마서 1:10
누가 거두어 주겠는가? 예레미아 22:18~19

예수의 길 _82

아주 잘한 일 시편 3:1~2

저 주도면밀 앞에서 아모스 4:13

나는 믿는다 시편 23:1~4

그는 누군가? 골로사이 4:18

의표를 찌르시는 분 사도행전 7:35

단순한 표현의 차이가 아니다 루가복음 8:38~39

우리의 능력 히브리서 6:13~15

오늘 하루치만 민수기 11:31~34

예수의 눈길은 요한복음 7:32~34

진짜 이야기 히브리서 7:4

각별히 조심할 일 마르코복음 13:21~23

그것들을 관통하여 열왕기상 5:9~14

백척간두진일보 요한복음 17:16~19

비밀 창세기 39:20~21

거룻배 한 척의 거리 마르코복음 3:7~12

말끝 사도행전 13:43

항상 대기 중 전도서 5:19

있지도 않은 적 로마서 11:11~12

사람의 말 마태오복음 3:1~2

끝까지 히브리서 4:1

말하기 전에 욥기 13:12

오직 근본을 얻을 일 루가복음 10:38~42

처음 자리 마태오복음 28:10

어떻게 하느냐에 달려 있다 요한복음 3:19~21

그림자처럼 마르코복음 1:6~7

부드럽되 때로는 서릿발처럼 갈라디아 1:8

진인사 루가복음 19:1~4

한 배를 탄 사이 루가복음 8:23~25

눈이 가리워져서 요한1서 2:9~11

낮과 밤의 조화 루가복음 21:37~38

오늘 하루만이라도 요한복음 12:49

◉ **법이 필요 없는 사람** _146

무엇을 보느냐 시편 107:23~24
보수 1고린토 9:13~18
법이 필요 없는 사람 신명기 23:25
빌닷의 잘못 욥기 8:1~7
성숙하지 못한 상태에서는 민수기 36:10
절망이 곧 희망 시편 107:33~34
피갈회옥 마태오복음 3:4
처음 마음 요한묵시록 2:1~5
천금 같은 오늘 레위기 14:33~35
겸손하고 작은 사람 레위기 13:15
하늘이 하는 일 사도행전 8:1~4
텅 비움 요한복음 13:1
빌라도의 후예, 예수의 후예 마태오복음 27:24
화해코자 하거든 레위기 26:46
사람의 생각일 뿐 로마서 9:14
속모습 그대로 1고린토 11:1
욕심과 짝짓는 대신 야고보서 1:15
명명백백한 삶 출애굽기 27:20~21
야훼의 구름 민수기 19:33~34
괜한 걱정 시편 102:23~24

믿음은 믿어지는 것 루가복음 8:43~48
친절한 손길 루가복음 13:10~13
사람에게로 예레미야 3:2~3
천사의 전언 마태오복음 1:24
더 갈 데 없는 생각 출애굽기 9:12
모세가 모세였던 비결 레위기 8:4~5
재능을 잘 관리하는 방법 1베드로 4:10
긴박한 초대 요한복음 12:34~36
어둠이 곧 빛이요 열왕기상 8:10~11
통째로 바치는 믿음 갈라디아 3:7
속이야기 루가복음 23:39~43
견해를 부수라 사도행전 10:44~45
비밀 역대기하 14:13~14
스승의 눈 마태오복음 26:6~13
겨울 냇물 건너듯 1베드로 1:17
사람의 아들 사무엘상 17:58
사람이라고 예외일 수 없다 요한복음 1:6~9
그런 줄 누가 모르랴? 잠언 5:9
초연한 시늉 요한복음 7:11~12

진정한 '들음' _226

보이지 않는 것을 볼 수 있는 눈 갈라디아서 2:6
씨앗이 움트듯 이사야 61:11
교회 안에도 있다 2베드로 2:1
그래서 틀린 말이 아니다 시편 75:6-7
답은 한 곳을 가리킨다 요한복음 1:26-27
갈 길이 멀다 마태오복음 26:20-22
진정한 들음 로마서 10-16-17
대책 없는 사람 마르코복음 15:1
부끄러울 것 없다 마태오복음 10:24-25
괜히 기웃거릴 것 없다 히브리서 6:20
너는 누구 것이냐? 루가복음 20:25
어디가 따로 없다 루가복음 9:57-58
고쳐 주기 위해서가 아니었다 마태오복음 15:29-31
걸어다니는 하느님 나라 루가복음 9:27
눈 먼 사람들! 요한복음 9:18-23
신비 체험의 마지막 루가복음 9:36
주는 자와 받는 자가 같지 않다 사도행전 17:32

어려운 일이 아니다 요한복음 7:16-17
임자가 바뀌었다 로마서 6:20-22
흥성망쇄 에제키엘 29:6-9
하늘에 맡기다 역대기상 12:17-18
일진 사나운 날 루가복음 23:26
폭력의 다른 얼굴 루가복음 18:35-43
마음을 거울같이 쓰라 루가복음 17:3-4
오직 앞에 있다 요한복음 21:20-22
없는 믿음 야고보서 2:24
필유아사 1고린토 10:8-11
어찌 알겠는가? 시편 133:1
시련의 과정 1베드로 1:6-7
베드로의 두 얼굴 요한복음 18:25
사이비를 멀리하는 길 2디모테오 3:1-5

9

가난한 사람이 하나도 없었다.

언제쯤일까?

이 '오래 된 미래'가 다시 그리고 영구히 실현될 날은?

주님, 하지만 그냥 멍청히 앉아서

그날이 오기를 기다리기만 할 수는 없습니다.

저 사람 주머니에 있는 것을 제 주머니로 들어오게 하는

'어려운 일'에 더 이상 매달리지 말고,

제 주머니에 있는 것을 저 사람 주머니로 가게 하는

'쉬운 일'에 더욱 용감할 수 있도록 도와주십시오.

성령의 인도를
받는 사람

그 뒤에 예수께서 성령의 인도로 광야에 나가
악마에게 유혹을 받으셨다.
마태오복음 4:1

성령의 인도를 받는 사람에게 언제 어디서나 '좋은 일'만 생기는 것은 아니다. 악마의 유혹을 받는다는 것이 결코 기분 좋고 즐거운 일은 아니다. 그러나,

진실로 성령의 인도를 받는 사람에게는 언제 어디서나 '좋은 일'만 생긴다. 그에게는 악마의 유혹이, 금(金)을 순수하게 만드는 용광로처럼, 자기 속에 남아 있는 불순물을 걸러내는 시련이다. 그가 악마의 유혹에 걸려 넘어지지 않고 그것을 통과하여 깨끗한 영혼으로 거듭났다면, 그것은 성령의 인도에 따라서 악마의 유혹을 받았기 때문이다.

성령께서는 예수를 광야로 이끌어 거기서 악마에게 넘겨주시고 다른 데로 가신 게 아니라, 예수와 함께 그 시련의 과정을 모두 견뎌 내셨다.

주님, 저에게 힘들고 어려운 일이 생길 때마다 그 일에 파묻혀 정신을 잃지 말고, 그 일 속에서 저와 함께 하시는 당신을 바라보게 하십시오. 그래서 무슨 일이든지 그 일을 통하여 주님과 더욱 가까워지게 하시고 따라서 그만큼 성숙하게 해 주십시오.

모든 일이
연합하여

형제 여러분,
내가 당하고 있는 일이 복음을 전파하는 일에
도움이 되었다는 사실을 알아주시기 바랍니다.
필립비 1:12

자기 삶을 한 곳 목표로 오로지 향하게 한다! 두리번거리지 않는다. 의심하지 않는다. 물론, 뒤돌아보지도 않는다. 자기 삶을 끌고 가서 닿고자 하는 그곳을 한시도 놓치지 않는다.

그런 사람에게는, 모든 일이 연합하여 오로지 그 목적을 이루는 데 도움이 된다. 그렇지 않은 일은 발생하지 않는다.

한참 바쁘게 전도하러 다녀야 할 사람이 지금 엉뚱한 일로 감옥에 갇혀 있다. 그런데 바로 그 상황이 전도에 도움을 주고 있다는 얘기다. 만일 그의 관심이 어떻게든 감옥에서 빨리 나가야겠다는 데 묶여 있었다면, 자신의 처지가 오히려 복음 전도에 도움이 된다는 생각에는 미치지 못했으리라.

배움, 오직 배움에 뜻을 둔 사람한테는 선생 아닌 사람이 없고 교재 아닌 사물이 없다.

주님, 제가 하는 모든 일이 오직 당신께 드리는 저의 순명(順命)이기를 바랍니다. 이는 당신께서도 바라시는 바일 텐데 왜 잘 되지 않는 걸까요? 아무래도 제가 자꾸 훼방을 놓는 것 같습니다. 베드로 선배에게 해 주셨듯이 저에게도 각별한 도움을 아끼지 말아 주십시오. 그래서 아무쪼록 저를 비우고 당신으로 가득 채우게 해 주십시오.

시키시는 대로

야훼의 말씀대로
모세는 돈을 아론과 그의 아들들에게 내어주었다.
그는 이렇게 야훼께 지시받은 대로 하였다.
민수기 3:51

야훼께 무슨 지시를 받아서 어떻게 했느냐도 중요하긴 하지만, 야훼께 지시를 받아서 그대로 했다는 사실만큼 중요하지는 못하다.

덜 중요한 것에 신경 쓰느라고 더 중요한 것을 놓친다면, 그런 어리석음이 없겠다.

주님, 당신을 주인님으로 모시고 살 수 있게 해 주셔서 진짜 고맙습니다. 그런데 문제가 있어요. 제가 틈만 나면 어느새 당신 자리에 앉아서 주인 행세를 하고 있는 겁니다. 그렇게 살아온 세월이 하도 오랜지라, 버릇이 굳어져서겠지요? 제발 주님, 이 버릇 좀 뜯어 고쳐 주십시오. 저도 정신 차려서 주인님 말씀에 귀를 기울이고, 무슨 일이든지 시키시는 대로 하는 연습에 좀 더 충실하겠습니다. 제가 무슨 일을 하고 있는지보다, 그 일을 어떻게 하고 있는지, 과연 주님의 지시를 받아서 그대로 하고 있는지, 그 점을 늘 반성할 수 있도록 도와주십시오.

가난한 사람이
하나도 없었다

그 많은 신도들이 다 한 마음 한 뜻이 되어
아무도 자기 소유를 자기 것이라고 하지 않고
모든 것을 공동으로 사용하였다.
사도들은 놀라운 기적을 나타내며
주 예수의 부활을 증언하였고
신도들은 모두 하느님의 크신 축복을 받았다.
그들 가운데 가난한 사람은 하나도 없었다.
사도행전 4:32~34

건강한 몸이라면, 머리는 상쾌하고 배는 불쾌하거나 손은 차
고 발은 뜨거운 그런 일이 있을 수 없다.

제대로 된 집안이라면, 아버지는 부유하고 어머니는 가난하
거나 형은 넉넉하고 아우는 쪼들리는 그런 일이 있을 수 없다.

제대로 된 교단이라면, 도시 교회는 풍족하고 시골 교회는 빈

궁한 그런 현상이 빚어질 수 없다.

사도들이 성령에 이끌리어 복음을 전하고 신도가 그 가르침에 온전히 순종했을 때, 적어도 교회 안에서만큼은, 가난한 사람이 하나도 없었다.

언제쯤일까? 이 '오래 된 미래'가 다시 그리고 영구히 실현될 날은?

주님, 하지만 그냥 멍청히 앉아서 그날이 오기를 기다리기만 할 수는 없습니다. 저 사람 주머니에 있는 것을 제 주머니로 들어오게 하는 '어려운 일'에 더 이상 매달리지 말고, 제 주머니에 있는 것을 저 사람 주머니로 가게 하는 '쉬운 일'에 더욱 용감할 수 있도록 도와주십시오. 저 사람이 제 아픔에 동참하기를 기다리지 말고 저 사람 아픔에 제가 먼저 동참할 수 있도록 도와주십시오.

속절없는
나그네 인생

야곱은 바딴아람을 떠나
마침내 가나안 땅 세겜 마을에 이르러 그 앞에 천막을 쳤다.
야곱은 자기가 천막 친 땅을
세겜의 아버지 하몰의 아들들에게서 은 백 냥을 주고 샀다.
그리고 거기에 제단을 쌓고 그 제단을
"이스라엘의 하느님 엘"이라 불렀다.

창세기 33:18~20

사나이 발길 닿는 데마다 고향이라는 말이 있지만, 과연 그럴
까?

사람이 태어난 곳을 떠났다가 다시 그리로 돌아가기까지는
속절없이 나그네다. 야곱이 비록 돈을 주고 땅을 샀다 하나, 거
기는 그가 숨을 거두고 돌아가야 할 그곳(성서의 말로 하면 '조상들
곁')이 아니었다.

아무리 많은 값을 치르고 땅을 사서 등기 이전까지 마치고 철조망을 둘러도, 거기는 네가 떠나온 곳, 따라서 네가 돌아가야 하는 그곳이 아니다. 그 자리에 대리석으로 제단을 쌓았어도 결과는 마찬가지다.

어디에 머물든 거기는 임시 거처다. 그러니, 천막으로 집을 대신하는 것이 실은 잘하는 짓이다.

우리 주님은, 여우나 참새도 가지고 있는 보금자리 하나 없이, 황혼에 머리 둘 곳조차 없는 그런 인생이셨다.

그렇지만 주님, 저는 아직 주님만큼 자유롭지 못한 데다가 함께 살아야 하는 식구들도 있는지라, 저녁에 몸 눕힐 집 한 채쯤 있어야겠습니다. 어차피 출가할 팔자가 아니라면, 이 집안에 살면서 주님의 가르침을 제대로 따를 수 있도록 도와주십시오. 무엇보다도, 한 번 쓰고 버릴 수밖에 없는 '일회용품'들에 너무 매달리지 않도록 필요한 때마다 깨우쳐 주십시오. 아닙니다. 제 손에 잡히고 제 눈에 보이고 제 귀에 들리는 것들과, 그것들을 잡고 보고 듣는 저까지도, 모두가 어쩔 수 없는 '일회용품'임을 항상 알아차리게 도와주십시오.

폭력의 수렁에서

아이 왕은 사로잡혀 여호수아에게 끌려왔고 광야 벌판에서
이스라엘을 쫓던 아이 주민은 그 광야 벌판에서 다 죽었다.
그들이 한 사람 남김없이 칼날에 쓰러지자
온 이스라엘은 아이로 돌아가 그 백성을 도륙하였다.
그날 쓰러진 아이 사람은
남녀 합해서 모두 만 이천이나 되었다.

여호수아 8:23~25

　순전히 꾸며 만든 이야기는 아닐 것이다. 그날의 피비린내가
어떠했을지, 상상조차 하기 어렵다.

　이유야 어디에 있든, 과정이야 어찌 되었든, 이토록 살벌하고
어이없는 피범벅 위에 세워진 나라가 이스라엘이다.

　수천 년 세월이 흐르는 동안, 이스라엘 하면 분쟁과 전쟁이

연상되는 상황은 좀처럼 바뀌지 않았다. 지금도 여전하다.

바로 그런 나라에서 예수가 태어났다!

끝없는 다툼과 폭력의 수렁에서 장엄한 평화의 연꽃이 피어
난 것이다.

역사의 신비가 아닐 수 없다.

주님, 때로 저 자신이 깜짝 놀랄 만큼 더럽고 비굴한 폭력이 제 속에서 터
져 나오는 것을 경험하게 됩니다. 그럴 때 저는 진짜로 속수무책이지요.
하지만 어쩌겠어요? 그저 그럴 때에도 주님이 저를 곁에서 눈물 글썽한 눈
으로 물끄러미 보고 계심을 기억하고, 겸손하게 뒷수습할 수 있도록 도와
주시기를 바랍니다. 키리에 엘레이송!

속속들이 착한 사람

사람이 사는 데 제일 필요한 것은
물과 불과 쇠와 소금이며
밀가루와 우유와 꿀
그리고 포도즙과 기름과 의복이다.
이 모든 것이 착한 사람들에게는 좋은 것이 되고
악한 사람들에게는 악한 물건이 된다.

집회서 39:26~27

물과 불은 좋은 것도 아니고 나쁜 것도 아니다. 우유와 꿀은 언제 어디서나 좋기만 한 물건이 아니다.

그것을 사용하는 사람에 따라서 좋은 물건일 수도 있고 나쁜 물건일 수도 있다.

직업의 귀천은 일이 아니라 일하는 사람에 따라서 결정된다.

병들어 썩고 냄새나는 것은 정치판이 아니라 정치인이다.

부패한 것은 종교계가 아니라 종교인이다.

먼저 착한 사람이 되어라. 하는 일마다 절로 선행(善行)이 될 것이다.

이순(耳順)을 넘긴 공자가 무슨 수로 남을 해치며, 거짓으로 세상을 어지럽히랴?

안 하는 게 아니라 못하는 것이다.

저 부자 안 돼도 좋습니다. 높은 자리에 앉고 싶지도 않고요, 유명인사 못 돼도 상관없어요. 주님, 당신을 닮고 싶습니다. 그뿐이에요. 그래서, 나쁜 짓을 할 수 있는데 하지 않는 사람이 아니라, 누가 억지로 시켜도 나쁜 짓을 못하는 그런 사람이 되고 싶습니다. 사람들한테, 제 밥도 찾아먹지 못하는 바보라고 놀림당해도 좋아요. 주님, 당신처럼, 속속들이 착한 사람 되게 해 주십시오.

어떻게
대처하는지를 보면

예수께서 그곳을 떠나 띠로 지방으로 가셨다.
거기서 어떤 집에 들어가
아무도 모르게 조용히 계시려 했으나 결국 알려지고 말았다.
마르코복음 7:24

유념(留念)할 만한 기록이다. 예수께서도 당신의 뜻하신 바가 상황에 따라 어그러지는 경우를 당하셨다. 세상에서는 하느님의 아들도 그런 일을 당할 수밖에 없다.

길게 곧은 신작로처럼, 그렇게 바다로 흘러가는 강물은 없다. 그게 세상이다.

뜻밖의 돌발 사태에 어떻게 대처하는지를 보면, 그 사람됨의 깊이와 높이를 대강 짐작할 수 있다.

주님, 저는 무슨 일이 제가 예상했던 대로 되지 않으면 무지 빠르게, 누구 때문인지, 왜 이렇게 됐는지를 묻습니다. 그런 걸 따져봤자 이미 쏟아진 물인 줄 알면서도 그러고 있으니, 참 기가 막힐 노릇이지요. 주님, 부디 저를 도와주십시오. 그래서 뜻밖의 사태가 벌어지더라도 누구를 탓하려 하지 말고, 유유히 흐르는 강물처럼, 침착하게 대처하며 제 길을 가는 그런 사람이 되게 해 주십시오.

희언자연 稀言自然

하느님은 하늘에 계시고 너는 땅에 있다.
그러므로 사람은 모름지기 말이 적어야 한다.

전도서 5:1

사람은 땅에 속한 존재다. 땅을 떠나서는 살 수가 없다.

그러니, 땅처럼 사는 것이 제대로 사는 것이다.

사람은 땅을 본받는다(人法地)는 말이 그래서 있다.

땅은 제 속에 있는 것을 겉으로 나타내는 일에, 할 수 있는 만큼, 인색하다.

때가 되기 전에 싹을 틔우거나 그럴 장소가 아닌 데서 온천수를 내뿜는 그런 일은 절대로 없다.

사람이 때와 곳에 맞추어, 그 때 거기서 하지 않을 수 없는 말만 겨우 한다면, 그 사람은 저절로 말수가 드물(稀言自然) 것이다.

주님, 주님이 하신 설교를 살펴보면, 아무리 천천히 해도, 설교 한 번에 3분을 넘기기 어렵겠더군요. 저는 그런데 왜 이리도 말이 많은 겁니까? 물론 주님의 경지까지야 제가 어찌 넘보겠습니까만, 이제 저도 환갑을 넘긴 몸이니 좀 더 말을 아껴서 꼭 해야 할 말만 겨우 하는 그런 사람이 되게 해 주십시오. 한 말 또 하고, 제멋에 취해 횡설수설하는 꼴불견 늙은이는 제발 안 되게 도와주세요.

소용돌이 세상에서

마침내 악마는 물러가고 천사들이 와서 예수께 시중들었다.
마태오복음 4:11

밤은 활동을 멈추고 잠자는 시간.

악마가 예수에게 무엇을 "해 보라."고 세 번이나 꾀었지만,
예수는 아무 짓도 하지 않았다.

그렇게 언행을 침묵시킨 가운데 '밤'을 지내고 나자 '날'이
밝아왔다.

시중들 천사가 필요한 활동의 시간이 다가온 것이다.

밤에 잠을 설친 사람은 낮에 활동도 어지러울 수밖에 없다.

고요히 앉을 줄 모르는 사람은 날렵하게 움직일 줄도 모른다.

주님, 무지 빠르게 돌아가는 세상입니다. 정신을 차리기가 쉽지 않네요. 고요히 앉아 있는 시간이 필요함을 제 몸이 느낍니다. 주님, 선명하게 깨어 있는 상태로 빈둥빈둥 보내는 시간을 자주 가질 수 있도록, 그래서 이 속도를 위한 속도의 눈먼 소용돌이에 파묻히는 일이 없도록, 저를 도와주십시오.

진면목 眞面目

너희가 지금 보는 것을 보는 눈은 행복하다.

루가복음 10:23

✳

진아(眞我)의 현시(顯示)인 예수께서 당신을 따르는 제자들에게 하신 말씀이다. 이 말씀 뒤에 덧붙이신 말씀이 있다.

"사실 많은 예언자들과 제왕들도 너희가 지금 보는 것을 보려고 했으나 보지 못하였고 너희가 듣는 것을 들으려고 했으나 듣지 못하였다."

제자들은 지금 스승 앞에 서 있다. 그들은 지금 스승을 보고 있다. 그런데,

과연 그들은 스승의 진면목(眞面目)을 보고 있는 것일까?

그러나 그건 어디까지나 그들의 문제.

네가 상관할 바 아니다.

너는 지금 무엇을 보고 있느냐? 네가 보고 있는 그것을 과연 너는 보고 있느냐?

보지 못하는 자들을 보게 하기 위하여 세상에 왔노라고 말씀하신 주님, 제가 바로 그 '보지 못하는 자들' 가운데 하나입니다. 그러니 제 눈을 열어, 보아야 할 것을 보게 해 주십시오. 눈에 보이는 겉모습에 속아서 그것의 참모습을 놓치는 일이 없도록, 부디 제 눈을 맑게 닦아 주십시오. 네가 진실을 알게 될 터인즉 진실이 너를 자유롭게 하리라는 말씀이 저에게서 그대로 이루어지기를 원하나이다.

헛된 공사工事

나 만군의 야훼가 선언한다.
바빌론의 두꺼운 성벽은 허물어지고
그 높은 성문들은 불에 타리라.
뭇백성이 힘들여 만든 것이 헛된 일이 되고
부족들이 애써 이룬 것이 재가 되리라.

예레미야 51:58

야훼께서 예레미야를 통해 예언하신 그대로 되었다. 바빌론
성은 무너졌고, 지금은 그 흔적만 겨우 남아 있다.

사람들은 결국 헛된 공사(工事)에 시달렸고 잿더미를 공들여
쌓은 셈이다.

딱한 것은, 바빌론이 무너진 게 언제인데, 아직도 사람들이
내일의 쓰레기를 양산하고 내일의 잿더미를 장식하는 데 소중

한 오늘을 낭비하고 있다는 사실이다.

먹어도 먹어도 결국은 죽고 마는 육신의 양식을 위해 새벽부터 밤중까지 매달리면서, 한 번 마시면 두 번 다시 목마르지 않을 샘물과 한 번 먹으면 두 번 다시 배고프지 않을 떡이 바로 곁에 있건만 거들떠보지도 않는다. 아니, 그런 것이 거기 있는 줄도 모른다. 아니, 그런 것이 있다고 알려 줘도, 지금은 쓰레기 만들고 잿더미 장식하느라 바쁘니 걸미적거리지 말라고 호통이나 친다.

어리석음이 태산보다 높구나.

주님, 육신의 양식과 영혼의 양식이 어디 따로 있는 게 아니라, 콩 한 알을 그마저 없는 이와 나누어 먹으면, 그것은 콩과 함께 사랑을 먹는 것이므로 영원히 살게 하는 영혼의 양식이요, 혼자서 먹으면 그것은 사랑 없이 콩 한 알 먹고 마는 것이므로 결국은 썩고 말 육신의 양식임을 가르쳐 주셔서 고맙습니다. 이제 용기를 내어 가르쳐 주신 대로 살도록, 주님, 저를 도와주십시오.

닮은꼴

여러분은 모두 믿음으로
그리스도 예수와 함께 삶으로써 하느님의 자녀가 되었습니다.
갈라디아 3:26

자녀가 아버지를 등지고 제 맘대로 살다가, 자녀 노릇 제대로 할 줄 아는 사람을 만나, 그에게서 자녀답게 사는 법을 새로 배우고, 그대로 실천하여, 마침내 자녀다운 자녀가 되었다는 얘기다.

예수는 우리에게 하느님의 자녀로서 하느님의 자녀답게 사는 법을 가르쳐 준 스승이요, 모델이시다.

언제 어디서나 아버지 뜻을 먼저 생각하고 그 뜻에 자기 뜻을 굴복시키되, 아버지를 겁내서가 아니라, 그 은혜가 너무 고마워 기쁘고 감사한 마음으로 굴복시키는, 거기에 참 자녀의 길이 있다.

"나를 보내신 분의 뜻을 이루고 그분의 일을 완성하는 것이 내 양식이다."(요한 4:34)

먼저 그분의 뜻을 이루는 데 몸을 바치면 그 몸이 살아가는 데 필요한 것은 저절로 따라온다는 말씀이다.

하느님 아버지, 저에게 예수님을 알고 그분의 가르침을 받게 해 주신 은혜가 진실로 태산보다 큽니다. 아아, 하느님. 이 마당에 제가 무엇을 더 바라겠습니까? 제 소원은 오직 하나, 아무쪼록 스승의 가르침을 잘 받아서 스승과 '합동'은 못 되어도 '닮은꼴'은 되게 해 주십시오. 백두산이 산인 것만큼 남산도 산이니, 저는 아주 작은 예수로도 만족하겠습니다.

지금 여기에

지혜가 부르지 않느냐?
슬기가 목청을 돋우지 않느냐?
지혜가 길가 언덕에서 부르고
슬기가 네거리에 자리잡고 목청을 돋운다.
마을 어귀 성문께에서
대문 여닫히는 곳에서 외친다.
잠언 8:1~3

　높은 산, 깊은 골, 인적 끊긴 사막까지, 지혜와 슬기 찾아 먼 길 떠날 것 없다. 거기서는 오히려 그것들을 찾지 못할 것이다. 왜냐하면 그것들 있는 곳이 길가 언덕, 네거리, 마을 어귀 성문께, 대문 여닫히는 곳이기 때문이다.

　지혜와 슬기는 저를 알아보는 사람에게 안기고 싶어서 길가

언덕, 네거리, 마을 어귀 성문께, 대문 여닫히는 곳을 서성거리
며 오늘도 사람들을 부른다.

성산(聖山)은 히말라야에 있지 않고 네 눈꺼풀에 있다.

땅과 하늘이 만나려면, 땅이 하늘로 올라갈 수 없으므로, 하늘이 땅으로
내려와야 하듯이 주님과 제가 만나려면, 제가 주님 계신 데로 갈 수 없으
므로, 주님이 저 있는 데로 오셔야 합니다. 그런 까닭에, 주님은 지금 여기
계십니다. 제가 지금 여기를 떠나서 다른 곳 다른 때에 있을 수 없으니까
요. 그러니 이제 더 이상 당신 찾아 바깥으로 헤매지 말고, 지금 여기에서
들리는 소리, 보이는 것에 눈과 귀를 열어 놓도록 저를 도와주십시오.

터무니없는 착각

나와 함께 일하고 있는 디모데오와
내 친척들 루기오와 야손과 소시바드로가
여러분에게 문안합니다.
이 편지를 받아 쓰는 나 데르디오도
주님의 이름으로 여러분에게 문안합니다.
나와 모든 교우를 잘 돌보아주는 가이오가
여러분에게 문안합니다.
이 도시의 재정관 에라스도와 교우 과르도가
여러분에게 문안합니다.

로마서 16:21~23

바울로는 혼자가 아니었다. 그 누구도 혼자가 아니다.
나무 한 그루 서 있음은 거기 땅이 있고 물이 있고
바람이 있고, 벌레들과 새들이 있음이다.

혼자라는 생각은 터무니없는 착각일 뿐이다.

사람은 섬(島)이 아니라는 말, 저도 들어보았습니다, 주님. 그런데도 때로는 이 황량한 세상에 저 혼자 떨어져 있다는 느낌이 듭니다. 주님, 왜 저에게 그런 터무니없는 느낌이 찾아오는 걸까요? 숨을 거두면서 "엘로이 엘로이 사박타니?" 하고 부르짖으신 주님, 저의 뜬금없는 고독감 속에서 당신을 만나고 싶습니다.

없는 발자취

바다를 밟고 다니셨건만
대해를 건너질러 다니셨건만
아무도 그 발자취를 몰랐습니다.
양떼처럼 당신 백성을
모세와 아론의 손을 빌려 인도하셨습니다.
시편 77:19~20

선행(善行)은 무철적(無轍跡)이라, 잘 가는 사람은 발자취를 남기지 않는다고 했다.

없는 발자취를 누가 볼 수 있으랴?

흔적을 남기지 않고서 살 수 없거든, 차선(次善)으로, 흔적을 감출 일이다.

하느님이 당신 백성을 인도하실 때 모세와 아론 속에 숨으셨듯이.

　그래서 사람들로 하여금, 모세와 아론이 이스라엘을 이끌었다고 착각하게 만드셨듯이.

주님, 저도 몸무게 있는 사람인지라, 걸으면서 발자국을 남기지 않을 수가 없네요. 하지만 돌이켜보면, 그동안 제가 남긴 발자국에 괜한 신경을 많이 썼던 것 같습니다. 게다가, 다른 사람들이 제 발자국을 보고 이러니 저러니 판단하는 소리에 어쩌면 그리도 예민하게 반응을 했던지요. 이제부터라도 뒤에 남겨진 발자국 따위는 그냥 그대로 두고, 한 걸음 한 걸음 저에게 주어진 길을 걸어가는 데 전념하도록 도와주십시오. 누가 제 발자취에 대하여 칭찬을 하든 경멸을 하든 그런 것에 마음 빼앗기지 않도록, 주님, 저를 도와주십시오.

왜 그 길을 가는가?

나를 따르려는 사람은 누구든지 자기를 버리고
매일 제 십자가를 지고 따라야 한다.
제 목숨을 살리려고 하는 사람은 잃을 것이요,
나를 위하여 제 목숨을 잃는 사람은 살 것이다.

루가복음 9:23~24

자기를 버린 사람은 자기를 움켜잡지 않는다.

자기 생각을 본인에게든 남에게든 강요하거나 고집하지 않는
다.

십자가는 제가 만들어서 지는 것이 아니라 남이 지워주는 것
이다.

질 수 있을 때까지 지고 가다가 힘에 부치면 쓰러져도 된다.

그러나, 자기 맘대로 벗어버리거나 도망치지는 않는다.

그러다가 죽게 되면, 죽는다. 그것이 십자가의 길이다.

단, 그 길을 왜 가느냐가 문제다. 왜 자기를 버리고, 왜 매일 십자가를 지는가?

오직 스승을 따르고 그의 가르침대로 살기 위해서 그래야 한다.

다른 무슨 동기로 그런다면, 뒤따르는 모든 행위가 무효다.

제자에게는 여기를 가나 저기를 가나, 스승의 가르침대로 살려고 애쓰는 것밖에 다른 길이 없다.

예수에게, 당신을 세상에 보내신 분의 뜻을 이루고 완성하는 것 말고 다른 아무 할 일이 없으셨듯이.

예수처럼 살지 않고서는 예수를 따를 길이 없다.

주님, 세상에 태어나 아무 이루어 놓은 것 없이 싱겁게 돌아갔다는 말 들어도 좋습니다. 그냥, 선생님 한 분 만나, 잘 되지는 않았지만, 그 가르침대로 살려고 애쓴 자라는 말 한 마디 들을 수 있다면 더 바랄 게 없겠습니다. 그런데 그것조차 제 능력만으로는 되지를 않는군요. 주님, 당신을 위해서라도 저를 도와주십시오. 그래서 조금이나마 주님 말씀대로 살 수 있게 해 주십시오.

밑바닥

이스라엘의 민심이 압살롬에게로 기울었다는 소식이
전해지자, 다윗은 예루살렘에 있는 신하들에게 말하였다.
"당장 여기에서 빠져 나가자. 머뭇거리다가는
압살롬의 손에서 아무도 살아 남지 못할 것이다.
그가 달려들면 우리만 참변을 당하는 것이 아니라
성에 남은 백성들까지 해를 입을 터이니, 어서 서둘러라."
"임금님의 분부대로 따르겠습니다." 하며
신하들은 따라 나섰다.
왕은 왕궁을 지킬 후궁 열만 남겨 놓고는
온 왕실을 거느리고 걸어서 피난길에 올랐다.

사무엘하 15:13~16

이스라엘은 말할 것 없고 세계에서도 으뜸 갈 왕들 가운데 하
나인 다윗의 위대함을, 걸어서 피난길에 오르는 초라한 행색에
서 본다.

상황을 제대로 읽고, 가능한 만큼 피해를 덜고자, 아들에 쫓겨 도망치는 못난 아비의 모습을 세상에 감추지 않고 스스로 연출하는 바로 거기에, 그의 위대함이 숨어 있다.

옛 글에 이르기를, 영화를 알면서 욕됨을 간직하면 천하의 골짜기가 되고 천하의 골짜기가 되면 변함없는 덕(德)이 가득 차서 마침내 바탕으로 돌아간다[知其榮 守其辱 爲天下谷 爲天下谷 常德乃足 復歸於樸]고 했거니와, 낮고 낮은 골짜기에서 비롯하여 그리로 돌아가지 않는 높고 높은 봉우리는 세상 어디에도 없다.

어떨 때는요, 주님. 저 스스로도 깜짝 놀랄 만큼 한심하게 못난 짓을 하고 있는 저를 봅니다. 그럴 때는 당장 쥐구멍에라도 숨고 싶도록 비참하고 부끄럽습니다만, 지나고 나면 오히려 홀가분해지고 안심이 되는 건 또 무슨 까닭인지요? 아무래도 밑바닥에 처박혀 더 내려갈 곳이 없는 자의 안도감 같은 것 아닐까 싶습니다. 주님, 앞으로는 저의 못난 모습을, 일부러 자랑할 것까지야 없겠습니다만, 저 옛날 다윗이 그랬듯이, 있는 그대로 껴안고서, "그래 넌 이런 놈이다. 그러니 하느님이 일으켜 주시지 않으면 아무것도 아닌 게 바로 너임을 잊지 말라고." 말하며 툭툭 털고 다시 일어서게 해주십시오.

세상에서
밀려난 예수

그러자 온 읍내 사람들이 예수를 만나러 나와서
예수를 보고는 저희 고장에서 떠나가 달라고 간청하였다.
마태오복음 8:34

사람 하나 살리려고 수많은 돼지들이 죽었다. 이쪽에서 보면 참 잘된 일이나 저쪽에서 보면 싫고 두려운 일이다.

세상에는 다른 사람 목숨보다 내 집 돼지가 더 소중한 그런 사람들이 있다. 있어도 아주 많이 있다.

그들이 정치, 경제, 문화, 종교까지도 점령했다.

예수는 그래서 지금도, 남의 생명보다 자기 소유물이 더 소중한 사람들 땅에서 발 디딜 자리가 없다.

누가 있어, 세상에서 밀려난 예수를 자기 집에 모실 것인가? 있다면, 예수처럼 세상에서 밀려난 자들이리라.

길 막고 물어보면, 사람 나고 돈 났지 돈 나고 사람 났다고 대답할 사람 아무도 없을 겁니다. 하지만 주님, 지금 우리는 어딜 가서 무얼 하든지 먼저 돈 눈치부터 살펴야 하는 참 개떡 같은 세상에 살고 있습니다. 그것도 누가 강제로 시켜서가 아니라 스스로 알아서들 그러고 있으니, 생각하면 기가 막힐 노릇입니다. 돈이 아니라 사람의 아들로 세상에 오셨던 주님, 이 미쳐버린 자본주의 세상에서 사람의 자존심이라도 되찾게 도와주십시오. 돈 앞에 허리 꺾느니 차라리 말라 죽는 쪽을 택하겠습니다.

사는 길, 죽는 길

나는 예언자들에게 내 말을 들려주었다.
환상도 많이 보여 주었다.
나의 계획을 예언자들을 시켜 알려 주었다.
길르앗이 온통 헛된 것으로 찼는데도
죄가 없다 하겠느냐?
길갈에서 황소를 잡아 바치는 것들,
그 제단들은 밭고랑에 돌더미가 되고 말리라.
호세아 12:11~12

이스라엘 제단들이 밭고랑에 돌더미로 된 것은,
길르앗이 헛된 것들로 가득 차고 길갈에서 황소를 잡아 바쳤기 때문이 아니다.
예언자들을 통해서 그들에게 하느님의 말씀이 전달되지 않았다면,

길갈에서 무슨 짓이 벌어졌든, 길르앗이 무슨 쓰레기로 가득 찼든,

그 때문에 망해야 할 이유가 없다.

사는 길을 알려 주었는데도 그 길을 가지 않았으니,

남은 것은 죽는 길밖에 더 있겠는가?

큰일입니다, 주님. 제가 벌써 당신 이름을 알고, 사람답게 사는 길에 대한 당신의 가르침도 들어 알고 있으니, 이제 남은 것은 과연 사람답게 사느냐 아니면 짐승처럼 사느냐 둘 가운데 하나일 뿐이군요. 주님, 이왕에 저를 부르셨으니, 그 부르신 뜻을 중도에 포기하지 마시고, 끝까지 붙잡아 주십시오. 필요하다면, 제가 감당할 만큼 채찍을 쓰셔도 좋습니다. 어찌되었든, 첨부터 몰랐으면 모르겠으나 사람답게 사는 길에 대한 당신의 가르침을 이미 알고 있으니, 가다가 죽는 한이 있더라도 갈 수 있는 데까지, 당신이 가르치신 길을 따라서 가 보겠습니다.

여기 가만히

그날 밤 주께서 바울로를 찾아오셔서
"용기를 내어라.
너는 예루살렘에서 나에 관하여 증언한 것처럼
로마에서도 증언해야 한다." 하고 말씀하셨다.

사도행전 23:11

어떻게 찾아오셨는지는 적혀 있지 않아서 모르겠으나, 아무튼 주께서 바울로를 찾아오셨다.

바울로가 주님을 찾아간 것이 아니다.

하늘과 땅이 만나려면 하늘이 땅으로 내려오는 수밖에 없다.

땅이 하늘로 올라가는 길은 없기 때문이다.

더 자유로운 사람이 덜 자유로운 사람을 찾아가 만날 수는 있지만,

덜 자유로운 사람이 더 자유로운 사람을 찾아가 만날 수는 없는 일이다.

그동안, 주님을 찾아가 만나 뵈려고 괜한 수고를 너무 오래 했구나!

이제 그만두리라. 여기 가만 있어야겠다.

가만 있어서, 찾아오시는 주님을 알아 뵙고 맞아들여야겠다.

주님, 알겠어요. 그동안 제 소리가 너무 컸고 제 행동이 너무 바빴습니다. 그래서 당신 음성이 귀에 들리지 않았고 당신 모습이 눈에 들어오지 않았던 거예요. 이제부터라도 고요한 가운데 당신의 세미한 음성을 듣고 당신의 변장한 모습을 뵙고 싶습니다만, 그런데 그게 참 어렵군요. 아마도 가만히 있어본 적이 별로 없었기 때문이겠지요. 주님, 도와주십시오. 누가 무슨 말을 할 때 건성으로 들어 넘기지 않게 하시고, 누가 어떤 모습을 보일 때 겉모습만 슬쩍 보아 넘기지 않게 저를 좀 도와주십시오.

그럴 마음이 있는가?

예수께서는 제자들의 발을 씻고 나서 겉옷을 입고
다시 식탁에 돌아와 앉으신 다음
제자들에게 이렇게 말씀하셨다.
"내가 왜 지금 너희의 발을 씻어 주었는지 알겠느냐?
너희는 나를 스승 또는 주라고 부른다.
그것은 사실이니 그렇게 부르는 것이 옳다.
그런데 스승이며 주인 내가 너희의 발을 씻어 주었으니
너희도 서로 발을 씻어 주어라.
내가 너희에게 한 일을 너희도 그대로 하라고
본을 보여준 것이다."
요한복음 13:12~15

다른 누군가의 허물을 내 몸으로 덮는다면, 누군가에게 쏟아
지는 비난과 욕설을 대신 받는다면,
그것이 누군가의 발을 씻어 주는 것이리라. 과연 그럴 수 있을

까?

그럴 수 있을까 – 를 묻기 전에, 그럴 마음이 있는가 – 를 먼저 물어야 한다.

진심으로 그럴 마음이 있다면, 기다렸다는 듯이 기회가 닥칠 것이다.

주님, 살아볼수록 주님을 본받아 산다는 것이 그게 결코 쉬운 일이 아님을 절감합니다. 그러나 그것이 진짜로 어려워서 어려운 게 아니라, 제 맘대로 살아온 세월이 하도 오랜지라, 너무나도 몸에 익지 않아서 그래서 어렵게 느껴지는 것이지, 사실은 쉬운 일이라는 것쯤 머리로는 압니다. 그러니 주님, 제게 용기와 믿음을 주십시오. 남에게 돌아갈 허물이 제 몸에 돌아오거나, 남이 들어야 할 비난이 저에게 쏟아질 때, 변명하거나 저항하려 하지 말고, 티를 내어 환영하지도 말고, 그냥 가만히 있게 도와주십시오.

그 일을 하는
이는 누구인가?

파라오는 곧 사람을 보내어 요셉을 불러오라고 영을 내렸다.
그들은 서둘러서 그를 구덩이에서 끌어내었다.
그가 면도하고 옷을 갈아입고 파라오 앞에 나서자
파라오는 요셉에게 이렇게 말하는 것이었다.
"내가 꿈을 하나 꾸었는데 아무도 풀 사람이 없다.
그러던 중 내가 들으니
너는 꿈이야기를 듣기만 하면 푼다면서?"
요셉이 파라오에게 대답하였다.
"저에게 무슨 그런 힘이 있겠습니까?
폐하께 복된 말씀을 일러주실 이는 하느님뿐이십니다."
창세기 41:14~16

파라오가, "내가 들으니 너는 꿈 이야기를 듣기만 하면 푼다
면서?" 하고 물었을 때 요셉이 대뜸, "예. 그렇습니다. 무슨 꿈
을 꾸셨지요?" 하고 대답했다면, 아마도 감옥에서 풀려 나와 총

리대신이 되기는커녕 왕을 우롱한 죄로 목이 나무에 달렸을지 모른다.

그가 해몽하는 자로 끝까지 출세할 수 있었던 것은, 참으로 해몽하는 이가 누구신지를 언제나 잊지 않고 밝혔기 때문이다.

임금을 대리하는 자는 영화를 누리지만, 임금을 사칭하는 자는 죽음을 면치 못한다.

어떤 사람이 자기도 기적을 일으키고 싶어서 하느님께 기도했다. "저도 기적을 일으키게 해 주십시오."

아무리 오래 간절히 기도했지만 그는 기적을 일으키지 못했다.

어느 날 문득 생각이 달라져서 기도를 바꿨다. "하느님, 저를 통해서도 기적을 일으키십시오."

그러자 그는 기적의 사람이 되었다.

주님, 언제 무슨 일을 하게 되더라도, 제가 당신을 '주님'으로 불러 모시는 한, 그 일을 하는 것이 제가 아님을 잊지 않게 도와주십시오. 그래서 일이 잘 되었을 때 우쭐거리거나 일이 잘 안 되었을 때 낙담하는 어리석음에 빠지지 않게 해 주십시오. 주님처럼 치열하게 살되, 주님처럼 삶에서 자유롭기를 소망합니다.

나그네 길

우리는 석 달 뒤에 그 섬에서 겨울을 난 디오스구로이호라는 알렉산드리아의 배를 타고 떠나게 되었다. 우리는 시라쿠사에 들러 사흘 동안 머물렀다가 그곳을 떠나 레기움에 도착하였다. 이튿날 우리는 남풍을 타고 이틀 만에 보디올리에 닿아 거기서 교우들을 만나게 되었다. 그들의 간청으로 이레 동안 함께 지내다가 우리는 마침내 로마로 갔다. 사도행전 28:11~14

여기 말한 '섬'은 바울로 일행이 풍랑을 만나 표류하다가 난파선에서 가까스로 목숨을 건져 상륙한 멜리데 섬이다. 거기서 석 달 동안 겨울을 나고 출발하여 시라쿠사, 레기움, 보디올리를 경유, 드디어 목적지 로마에 이르렀다. 그 사이에 배도 탔고 걷기도 했다.

그들은 멜리데 섬에서 로마까지 가는 동안 여러 경유지를 거쳤다. 그렇다. 길을 가는 것은 경유지를 거치는 것이다. 경유지마다 거기에 터 잡고 사는 사람들이 있다. 그들에게 그곳은 경유지가 아니라 정착지다.

인생 자체를 나그네 길로 생각하는 사람에게는 태어나서 죽을 때까지 뿌리내려 머물 장소가 없다. 비록 몸은 고향을 떠나지 않고 평생 한 집에서 산다 해도, 그의 삶은 날마다 새로운 경유지를 찾아 길을 떠난다. 겉사람은 세월 따라 낡아가지만, 속사람은 날마다 새로워진다는 말이 그 말이다.

공간 이동은 시간 이동을 수반한다. 그들이 멜리데 섬에서 로마까지 가는 동안 최소한 열이틀이라는 세월이 흘렀다. 거리는 공간에만 있지 않다. 시간에도 있다.

나그네 인생은 어김없이 시간을 이동해야 한다. 혹시 공간 이동은 하지 않고 한 곳에 머물 수 있을지 모르나, 시간 이동은 그럴 수 없다. 사람이 어찌하든 흐르는 게 시간이기 때문이다.

오늘도 우리는 어디를 거쳐 어디로 가고 있는 것일까? 그러는 사이에 속절없이 늙어가면서.

주님, 모든 것이 변하며 끝없이 흐른다는 사실을 항상 유념하고 살게 도와주십시오. 무엇을 움켜잡지 않으려고 애쓰는 대신, 제가 이 손으로 움켜잡을 수 있는 게 아무것도 없음을 확연히 깨달아 알게 해 주십시오. 그래서, 좋은 것을 움켜잡으려 하다가 오히려 잃어버리는 어리석음을 더 이상 되풀이하지 않고, 이 몸이 늙어가고 있으며, 머잖아 마지막 숨을 거두게 되리라는 사실을 기억하여, 매순간을 나그네답게 살아가도록, 주님, 불쌍한 저를 부디 도와주십시오.

더 불쌍한 인생

엘리후가 말을 계속하였다.
여러분, 현자들이여, 내 말을 들으시오.
유식하신 어른들이여, 나에게 귀를 기울이시오.
입천장이 맛을 가릴 줄 알듯이
귀란 것은 말을 알아들을 줄 아는 법,
무엇이 바른 판단인지 결판을 냅시다.
우리 함께 시비를 가려봅시다.
욥기 34:1~4

불쌍한 엘리후!
극도의 고통으로 몸과 마음이 바닥을 헤매는 사람 앞에서
도대체 무엇의 시비를 가리고 무엇의 결판을 내겠다는 말인
가?
인생을 그 모양으로 낭비하고서, 그 허무를 무슨 수로 감당할

참인가?

욥기에는 욥만큼이나 불쌍한 인간이 네 명 등장한다.

이 세상에도 욥처럼 불쌍한 사람들이 많이 있지만 그들보다,

욥의 세 친구와 엘리후처럼 그렇게 불쌍한 자들이 더 많은 것 같다.

같잖은 지식과 말재간을 자랑하기 위하여, 고통의 늪에서 신음하는 친구를 토론 마당으로 끌어들이는, 너무나도 잔인한 어리석음에서, 주님, 우리를 건져 주십시오. 온갖 상처의 피고름이 냇물을 이루는 세상에서, 무슨 놈의 이론과 논쟁들은 이렇게 시끄럽기만 한 것일까요? 주님, 공허한 말장난으로 한 번뿐인 인생을 더 이상 낭비하지 말고, 당신의 뜨거운 눈물과 깊은 침묵과 단호한 행동을 이제라도 배우게 하옵소서.

복된 수련기 修鍊期

나 느부갓네살은 기한이 차서 고개를 들어 하늘을 쳐다보다가 제 정신이 들어 지극히 높으신 하느님을 칭송하였다. 영원히 살아계시는 이를 우러러 찬양하였다.

주는 영원히 왕위에 앉으시어 만대에 이르도록 다스리실 왕이시라. 땅 위에 사는 사람이 다 무엇이냐? 하늘 군대도 마음대로 부리시는데 하물며 땅 위에 사는 사람이랴! 누가 감히 그를 붙잡고 왜 이러시느냐고 항의할 수 있으랴?

바로 그 때 나는 제 정신을 되찾았고, 다시 임금이 되어 영화를 누리게 되었다. 고문관들과 대신들이 나를 찾아와 나를 다시 왕으로 받들게 되어 나는 전보다 더한 영광을 떨치게 되었다. 다니엘 4:31~33

이렇게 되기 7년 전, 느부갓네살은 궁궐 옥상을 거닐다가 "내 손으로 공들여 세운 대바빌론, 이것이 바로 내 영광을 떨치는 나의 왕조로다." 하고 혼잣말로 중얼거렸다. 그 말이 채 끝나기도 전에 하늘에서 큰 소리가 들려왔다. "너 느부갓네살은 들어라. 네 왕조는 끝장이 났다. 너는 세상에서 쫓겨나 들짐승과 어울려 살며 소처럼 풀을 뜯어 먹을 것이다. 그렇게 일곱 해를 지낸 뒤에야 너는, 왕국을 다스리는 분은 지극히 높으신 하느님이라는 것과 그분은 자기의 마음에 드는 사람에게 나라를 맡기신다는 것을 깨닫게 될 것이다."

느부갓네살은 그 말대로 되었다. 세상에서 쫓겨나 풀을 먹었고, 몸은 이슬에 젖었고, 머리는 독수리 깃처럼 텁수룩하게 자랐고, 손톱 발톱은 새 발톱처럼 길어졌다. 그렇게 7년 '기한'이 차자 비로소 자기 위에 하늘이 있음을 깨달았고, 하늘은 맨 밑바닥에서 뒹굴고 있는 그를 다시 일으켜, 만인지상(萬人之上)의 자리에 앉혔다는 이야기다.

그에게 혹독한 시련의 7년은 얼마나 복된 수련기(修鍊期)였던가?

장인(匠人)은 거문고를 만들기 전에, 오동나무를 먼저 죽인다.

주님, 어렵고 힘든 일을 겪을 때마다 그것이, 저를 깨끗하게 정화하기 위하여 특별히 제작된 용광로임을 기억하고, 아울러, 거기에 저를 넣으신 분이 당신이시요, 거기에서 저를 꺼내어 주실 분 또한 당신이심을 기억하게 도와주십시오. 그것을 견뎌낼 만한 힘이 저에게 없다면, 어렵고 힘든 일 또한 저에게 있을 리 없음을 일깨워 주셔서 고맙습니다.

땅에서
하늘을 사는 사람

의회원들은 스데파노의 말을 듣고 화가 치밀어올라 이를 갈았
다. 이 때 스데파노가 성령이 충만하여 하늘을 우러러 보니 하
느님의 영광과 하느님 오른편에 서 계신 예수님이 보였다. 그래
서 그는 "하, 하늘이 열려 있고 하느님 오른편에 사람의 아들이
서 계신 것이 보입니다." 하고 외쳤다. 그러자 사람들은 크게 소
리를 지르며 귀를 막았다. 그리고 스데파노에게 한꺼번에 달려
들어 성밖으로 끌어 내고는 돌로 치기 시작하였다.

사도행전 7:54~58

'종교' 라는 이름의 강(江)에서 벌어진 일이다.

한 쪽에는 말하는 스데파노가 있고, 다른 쪽에는 그의 말을
듣지 않으려 크게 소리 지르며 귀를 막고, 그것으로 모자라서
마침내 돌을 들어 그를 치는 무리가 있다. 그들 뒤에는 지도자
들(의회원들)이 있다.

이쪽에는 죽이고 추방하는 자들이 있고, 저쪽에는 쫓겨나고
죽어가는 자들이 있다.

이 두 기슭을 따라 종교강(宗敎江)은 그동안 흘러왔고 앞으로도 그렇게 흘러갈 것이다. 여기에 종교의 기능이 있고 한계가 있다.

　별 수 없다. 마침내 저 큰 바다에 이르러, 모든 기슭이 하나의 기슭으로 바뀔 때까지는 죽이는 자들과 죽는 자들, 쫓아내는 자들과 쫓겨나는 자들의 양안(兩岸)을 따라서 흐를 수밖에….

　누가 옳고 누가 그른지를 따져 가리는 일은 덧없다. 어제 쫓겨난 자들이 오늘은 쫓아내고 오늘 쫓아내는 자들이 내일은 쫓겨날 것이기에….

　만약, 스테파노의 '말'에 화를 내고 그 말이 듣기 싫어서 소리 지르며 귀를 틀어막는 무리 가운데 있으면서도, 전혀 화가 나지 않고 그래서 귀도 틀어막지 않는 사람이 있다면?

　그 사람은 (아직) 강(江)에 있으면서 (이미) 바다로 간 사람이요, 땅에서 하늘을 사는 사람이다.

주님, 이유 여하를 묻지 말고, 어떤 그럴듯한 명분으로도, 저 아닌 다른 사람을 단죄하는 죄만큼은 피하게 해 주십시오. 길을 잘못 가고 있는 게 틀림없어 보이는 사람에게도, "거긴 길이 아니다."라고 말은 할지언정, 그를 심판하여 단죄하는 짓만큼은 저지르지 않게 도와주십시오. 당신께서도 하시지 않은 일을 제가 어찌 시도할 수 있겠습니까? 비록 어리석은 인간이지만, 할 수 있는 일과 해서는 안 되는 일, 해도 되지 않을 일 정도는 스스로 알아야 하지 않겠습니까?

미련 없이 가는 길

그들이 물에서 올라오자
주의 성령이 필립보를 어디론가 데리고 가셨다.
그래서 내시는 그를 볼 수 없게 되었지만
기쁨에 넘쳐 제 길을 갔다.

사도행전 8:39

필립보가 길에서 에디오피아 여왕 내시를 만나, 그에게 성경을 해설해 주고, 그의 요청을 받아들여 세례를 베푼다.

그런 다음, 홀연 모습을 감춘다. 어~ 하는 사이에 사라져 버린 것이다.

내시 또한 그를 찾아서 두리번거리지 않고, 기쁨에 넘쳐 자기 길을 간다.

깨끗하다!

아름답다!
가슴이 저리도록.

주님, 어차피 잠깐 동안 살다 가는 인생입니다. 만날 사람 만나서 볼 일 마쳤으면, 지저분하게 미련 따위 흘리지 말고, 뒤돌아보는 일도 없이, 내가 무슨 일을 이루었다느니, 내가 무슨 업적을 남겼다느니, 그런 우습지도 않은 생각일랑 비집고 들어올 짬도 없이, 아직 많이 남은 저의 길을 서둘러 걷게 하옵소서. 있지도 않은 과거의 그림자에 휘둘려 오늘을 그르치는 어리석음에서, 주님, 저를 건져 주십시오.

나의 일과
하느님의 일

주사위는 사람이,
결정은 야훼께서.
잠언 16:33

사람이 주사위를 던지지만, 그 결과를 정하지는 못한다. 그러
나,

사람이 주사위를 던지지 않는데, 하느님은 그 결과를 무슨 수
로 정하실 것인가?

저로 하여금, 제가 할 일은 저에게, 하느님께서 하실 일은 하느님께로 돌릴 줄 아는 자가 되게 해 주십시오. 그러기 위해서, 어디까지가 저의 일이며 어디부터가 하느님의 일인지, 어디까지 잡고 있다가 어디에서 놓을 것인지, 분별하는 지혜도 함께 주십시오.

반경 십미터만이라도

로마 황제 티베리오가 다스린 지 십오 년째 되던 해에
본티오 빌라도가 유다 총독으로 있었다.
그리고 갈릴래아 지방의 영주는 헤로데였고
이두래아와 트라코니티스 지방의 영주는
헤로데의 동생 필립보였다.
그리고 당시의 대사제는 안나스와 가야파였다.
바로 그 무렵에 즈가리야의 아들 요한은
광야에서 하느님의 말씀을 들었다.
루가복음 3:1~2

그 때 그랬다. 이 사람 저 사람이 이런 일 저런 일로 바쁘게 움직일 때, 어떤 사람은 광야에서 하느님 말씀을 들었다.

지금도 그렇다. 노무현이 대통령 하느라고 이 사람 저 사람 만나서 이런 일 저런 일로 바쁠 때, 어떤 사람은 자기 골방에서 하느님 말씀을 듣는다.

　그 많은 사람들 합친 무게가 이 한 사람 무게를 감당 못한다.

　재미있는 세상이다.

주님은 하느님 뜻이 이 땅에서 이루어지기를 기도하라고 가르치셨습니다. 제 인생이 그 기도의 실현에 조금이라도 기여하는 바 있다면, 더 무엇을 바랄 것이 없겠습니다. 주님, 제 몸 있는 곳에서 반경 십미터만이라도, 하느님의 뜻이 옹글게 이루어지는 천국으로 만들 수 있도록 도와주십시오. 처음부터 끝까지 허(虛)하고 무(無)한 것으로 온 나라를 채우려 하는 대신, 영원한 진실로 제 몸 하나 채우게 하여 주십시오. 주님, 하느님 뜻이 하늘에서와 같이 제 몸에서 이루어지기를 진심으로 바라나이다.

하늘은
꺾지 않는다

사무엘이 이렇게 말해 주었건만 백성은 여전히 고집을 부렸다. "그렇지 않습니다. 우리는 왕을 모셔야겠습니다. 그래야 우리도 다른 나라처럼 되지 않겠습니까? 무리를 다스려 줄 왕, 전쟁이 일어나면 우리를 이끌고 나가 싸워 줄 왕이 있어야 하지 않겠습니까?" 사무엘이 백성의 말을 다 듣고 나서 야훼께 아뢰니, 야훼께서는 "그들의 말대로 왕을 세워 주어라." 하고 대답하셨다. 그래서 사무엘은 온 이스라엘 사람에게, 모두들 자기의 성읍에 가 있으라고 일렀다. 사무엘상 8:19~22

이스라엘에 아직 왕이 없을 때, 백성들은 우리에게도 다른 나라처럼 왕이 있어야겠다고, 왕을 세워 달라고, 당시의 지도자였던 사무엘에게 요청한다. 사무엘은 그들이 자신과 자기가 세운 두 아들을 배척한다고 생각하여 언짢은 마음으로 야훼께 기도드린다. 그런데 야훼께서는 저들이 너를 배척하는 게 아니라 나를 배척하느라고, 나를 왕으로 모시기 싫어서 저러는 것이니,

원하는 대로 왕을 세워 주라고 대답하시며, 그러나 일단 왕을 세우면 그 왕이 백성을 얼마나 괴롭힐 것인지에 대하여 일러 주라고 하신다.

사무엘은 백성에게, 왕이 어떻게 백성을 수탈하여 못살게 굴 것인지를 자세하게 일러 준다. 그래도 그들은 고집을 부렸고, 결국 사무엘은 사울에게 기름을 부어 이스라엘 첫 왕으로 삼는다.

땅은 단단하고 하늘은 부드럽다. 사람들의 단단한 고집을 하늘은 꺾지 않는다. 그래서 밝은 하늘 아래 전쟁도 벌어지고 학살도 자행된다. 그러나 부드러운 하늘이 없으면 단단한 땅이 있을 데가 없다. 사람들은 제 고집에 갇혀서 이 엄연한 사실을 알지 못한다.

어쩌다가 몇몇 하늘을 본 사람만이 고개 숙여 자기 고집을 꺾고 생각을 비운다. "제 뜻대로 하지 마시고 아버지 뜻대로 하십시오." 이렇게 말한 예수나, 의필고아(意必固我)가 없었다는 공자가 바로 그런 사람들이었다. 성인(聖人)은 한결같은 마음을 가지지 않았으니(無常心) 백성들 마음으로 자기 마음을 삼는다(以百姓心爲心)고 말한 노자도 그들 곁에 모실 만하다.

주님, 부족한 종이오나, 이 몸으로 당신의 뜻을 이루십시오. 제 남은 생을, 오직 이 한 마디 기도로 살아가게 하여 주십시오.

이 흥할 것들!

망할 것들!
권력이나 쥐었다고 자리에 들면 못된 일만 꾸몄다가
아침 밝기가 무섭게 해치우고 마는 이 악당들아,
탐나는 밭이 있으면 빼앗고 탐나는 집을 만나면
제 것으로 만들어 그 집과 함께 임자도 종으로 삼고
밭과 함께 밭 주인도 부려먹는구나.
나 야훼가 선언한다.
나 이제 이런 자들에게 재앙을 내리리라.
거기에서 빠져 나갈 생각은 말아라.
머리를 들고 다니지도 못하리라.
재앙이 내릴 때가 가까웠다.
미가 2:1~3

악당들에게 재앙을 내리는 것은 '나 야훼'가 아니라, 악당들
이다.

권력을 남용하여 탐나는 밭을 강탈하고 온갖 못된 일을 저지른 악당들이 제 머리에 재앙을 쏟아 부은 것이다. 그들이 그러지 않았다면, 야훼께서 어찌 재앙을 내리시겠는가?

이 구절을 이렇게 바꿔 읽어도 말이 된다.

이 흥할 것들!

권력을 잡았으나 자리에 들면 착한 일만 생각했다가 아침 밝기가 무섭게 실천에 옮기는 이 선당(善黨)들아,

탐나는 밭이 있어도 못 본 척하고 탐나는 집이 있어도 못 본 척하여 그 집과 함께 임자도, 밭과 함께 밭 주인도, 맘 놓고 살게 하는구나.

나 야훼가 선언한다.

나 이제 이들에게 복을 내리리라.

내 축복에서 빠져 나갈 생각은 말아라.

머리 들고 가슴 펴고 다니리라.

복이 내릴 때가 가까웠다.

주님, 저로 하여금 복 받기를 기도하는 대신, 지금 여기에서 복 받을 짓을 하게 해 주십시오. 저는 그 길이 어디 먼 데 있는 험난한 길이 아니라, 언제 어디서나 제 발로 걸을 수 있는 쉬운 길임을 알고 있습니다. 저에게 주신 좋은 기회들을 슬기롭게 활용하여 살도록, 주님, 도와주십시오.

가깝고 쉬운 곳에

그 하느님은 내가 그분의 아들에 관한 복음을 전함으로써
성심껏 섬기고 있는 바로 그분이십니다.
로마서 1:10

바울로가 하느님을 섬기는 방법은, 그분의 아들 예수 그리스
도에 관한 복음을 세상에 전하는 것이었다.

하느님이 지으신 나무 한 그루 잘 돌봐 주고 사랑하는 것도,
그분을 섬기는 훌륭한 방법이 될 수 있다.

어떤 사람이 다른 사람을 위해 자기한테 있는 것 모두 내어
주고, 마침내 그 목숨까지 내어 준다면, 하느님을 그보다 더 잘
섬기는 방법이 있을까?

목숨을 내어 주는 것까지는 아직 멀었다 해도, 하느님 섬기는
방법은 가깝고 쉬운 곳에 얼마든지 있다.

자기에게 허락된 시간을 소중하게 여겨 허투루 낭비하지 않는 것도 그 중 하나다.

대학원생이 학생이듯 유치원생도 학생이다.

"네 사랑(love)이 영적인 사랑이냐, 감각적인 사랑이냐, 그것은 문제가 되지 않는다. 문제는 그것이 너를 하느님의 옹근 사랑(love)에로 이끈다는 사실이다."(Rumi)

간밤에, 우습지도 않은 이유로 벌컥 화를 내었습니다. 제 귀가 어두워 소리를 듣지 못해 놓고는, 엉뚱한 데다 화풀이를 해댄 거예요. 금방 사과를 하긴 했습니다만, 무슨 그런 어이없는 짓을 다 합니까? 그게 모든 사람이 공통으로 가지고 있는 '에고'의 원래 모습이라고요? 그러니까 그게 바로 저라고요? 그러는 저를 가지고 당신 사랑하는 법을 배우라고요? 큰일에 참기보다 작은 일에 참기가 본디 더 어려운 법이라고요? 아, 알겠습니다. 이제라도 좀 더 자세히 살피며 작은 일로 당신 사랑하는 법을 익히도록 힘써보겠습니다. 도와주십시오, 주님!

누가 거두어 주겠는가?

야훼께서 유다 왕이 된,
요시아의 아들 여호야킴의 신세를 두고 이렇게 말씀하셨다.
"'가엾어라 우리 형님, 가엾어라 우리 누님.'
이렇게 애곡할 사람이 없으리라.
'불쌍하셔라 우리 임금님, 불쌍하셔라 우리 왕후님.'
이렇게 애곡할 사람이 없으리라.
죽은 나귀를 치우듯이 끌어내다 묻으리라.
예루살렘 문밖 멀리 끌어내다 던지리라."
예레미야 22:18~19

아비인 요시아는 그런 대로 가난한 자의 인권을 세워 주고 법
과 정의를 펼쳤는데, 자식인 여호야킴은 "부정한 수법으로 제
집을 짓고 사취한 돈으로 제 누각을 짓는" 일밖에 몰랐다. 그러
니, 살아 있는 동안, 죄 없는 사람 피를 흘리려고 눈을 부릅뜨고

백성 억누르고 들볶을 생각만 하였다.

그렇게 살았으니, 그 송장을 누가 슬피 울며 땅에 묻어 주겠는가? 죽은 나귀 치우듯이 성 밖 멀리 끌어다가 던져버릴 것이다. 사실은 그가 살아 있을 때 그러고 싶었는데 아직 왕의 권세를 지니고 있는지라 차마 그러지 못하다가 죽으니까 하고 싶은 대로 하는 것일는지 모른다.

어쨌거나, 아무리 지독한 폭군도 제 송장까지 장사 지내고 가지는 못한다. 그게 하늘법이다.

살아생전에 아무도 가엾게 여기지 않다가 죽은 그를, 누가 가엾게 여길 것인가? 살아생전에 아무도 거두어 주지 않다가 죽은 그를, 누가 거두어 주겠는가?

아무도 불쌍하게 여겨 돌봐 줄 줄 몰랐던 여호야킴!

그에 관한 이 예언이 그대로 이루어졌다면, 비록 왕의 옷을 입고 사치스런 궁궐에 살았으나, 살아서도 죽어서도 만고에 불쌍하고 가여운 인간이었다.

주님, 오늘도 저에게, 제가 돌봐 주고 사랑해야 할 이웃들을 주셔서 고맙습니다. 아무런 꿍꿍이속 없이, 보상 같은 것 바라는 마음 조금도 없이, 그냥 제가 그들을 보살피고 사랑할 수 있다는 것 하나만으로도 충분히 고맙고 기뻐서, 제가 할 수 있는 만큼 그이들을 보살피고 사랑하되, 어디까지나 제 방식이 아니라 주님이 가르쳐 주시는 방식으로 그리할 수 있도록, 주님, 저를 도와주십시오.

예수의 길

거룻배 한 척의 거리!
멀지도 가깝지도 않은 거리!
그 거리를 유지하는 데 '예수의 길'이 있었다.

주님,
저에게 날마다 그날에 해야 할 일을 주셔서 고맙습니다.
정성껏 하겠습니다.
하지만 제 일에 파묻혀서
저 자신을 잃어버리는 어리석음만큼은 피하게 해 주십시오.

아주 잘한 일

나를 괴롭히는 자 왜 이리 많사옵니까?
나를 넘어뜨리려는 자 왜 이리 많사옵니까?
너 따위는 하늘마저 버렸다고
빈정대는 자 또한 왜 이리도 많사옵니까?
시편 3:1~2

아들인 압살롬의 반역군에 쫓길 때 다윗이 읊은 것으로 알려진 노래 첫 대목이다.

그에게, 그를 괴롭히는 자와 넘어뜨리려는 자와 빈정대는 자가 그토록 많은 것은 다른 데 이유가 있지 않다. 그가 그만큼 사람들을 괴롭히고 넘어뜨리고 빈정댔다는 얘기다.

소년 다윗이 시골에서 평범한 목자로 성장하여 양이나 치며 살았다면, 그랬어도 아들에게 쫓겨 달아나며 이런 노래를 불렀어야 했겠는가?

그렇다고 해서 다윗을 비난하거나 추궁할 건 없다. 이미 지난 일, 돌이킬 수 없게 된 일로 누구를 비난하거나 추궁하는 것은, 그러고 있는 자에게 허물만 하나 더 보태는 짓이기 때문이다.

자기를 괴롭히고 넘어뜨리려 하고 빈정대는 자에게 사방으로 에워싸여 있으면서도, 다윗은 아주 잘한 일 하나가 있다.

"야훼여!"라는 절규로 노래를 시작함으로써, 자기에게 일어난 온갖 이해 못할 사건들과 그것들이 안겨 준 괴로움 따위를 하느님께 바치는 '기도'로 바꾸고, 사람들에게서 받은 상처를 있는 그대로 하느님 앞에 펼쳐 놓은, 그것이 바로 그 '잘한 일'이다.

자기를 괴롭히는 자, 넘어뜨리려 하는 자, 빈정대는 자를 상대하지 않고, 얼굴을 돌려, 하느님을 향하는 다윗의 모습이야말로 고해(苦海) 바다를 헤엄치는 인류가 본받아야 할 영원한 모델이다.

하느님, 이왕에 저를 세상에 보내셨으니 저에게 기술 하나 가르쳐 주십시오. 그리하여, 저에게 일어나는 모든 일들과 그것들이 안겨 주는 온갖 영욕(榮辱)을 당신께 드리는 '기도'로 바꾸는 연금술사가 되게 해 주십시오. 그렇게만 된다면, 저에게 일어나는 모든 일들과 그것들로 말미암은 결과들이, 당신과 저 사이를 더욱 친밀하게 해 주는 역할만 하고, 용무 마친 심부름꾼처럼 사라지겠지요? 주님, 제 생전에, 하느님을 믿는 자에게는 모든 일이 합력하여 선(善)을 이룬다는 바울로 사도의 말씀이 빈말 아님을 확인할 수 있게 해 주십시오. 간절한 소원입니다.

저 주도면밀 앞에서

아, 천둥을 빚어내시고
바람을 불러일으키시며
땅에서 풀이 자라게 하시는 이,
새벽을 깜깜하게 하시고
산등성이를 밟고 나아가시는 이,
그 이름야훼,
만군의 하느님이시라.

아모스 4:13

눈에 보이고 귀에 들리고 손에 잡히는 모든 현상(現像)을 있게
하면서
　자기 자신은 보이지도 들리지도 잡히지도 않는,
　저 새벽 풀벌레들을 울게 하는,
　밤하늘 가득 추운 별들로 반짝이게 하는,

우주에 편만하여 어느 한 구석 미치지 않는 데가 없는,

그 '무엇'이 오늘도 이 물건으로 하여금 종이에 낙서를 하게 하고 성경을 읽게 하는구나!

하늘 그물은 성겨 보이지만 놓치는 것이 없다 하였거늘,

눈 덮인 뜰에 수선화 푸른 싹을 밀어 올리는 저 주도면밀 앞에서

무엇을 미리 근심하고 두려워할 것인가?

주님, 제 눈 앞에 무엇이 나타나든 겉으로 보이는 그 모양에 제 눈길이 머물러 있지 말고, 그것들 안에, 그것들을 관통하여, 그것들 너머에 계신 당신께로 가서 닿도록 도와주십시오. 제가 이렇게 원하고, 틀림없이 주님도 그렇게 되기를 원하실 터인즉, 그리 되지 않을 까닭이 없지 않습니까? 하지만 제가 사물의 거죽 모양에 취하여 노닥거리거나 무서워 눈을 감아버리거나 하면, 주님도 어쩌실 수가 없겠지요. 그러니, 우선은 겉으로 보이는 모습이나 귀에 들리는 소리를 관통하여 당신께 가서 닿고 싶은 제 마음을 알아주시고, 이런 저에게 필요한 도움을 아낌없이 내려주시기 바라나이다.

나는 믿는다

야훼는 나의 목자,
아쉬울 것 없어라.
푸른 풀밭에 누워 놀게 하시고
물가로 이끌어 쉬게 하시니
지쳤던 이 몸에 생기가 넘친다.
그 이름 목자이시니
인도하시는 길, 언제나 곧은 길이요
나 비록 음산한 죽음의 골짜기를 지날지라도
내 곁에 주님 계시오니 무서울 것 없어라.
막대기와 지팡이로 인도하시니
걱정할 것 없어라.
시편 23:1~4

양들은 목자를 믿는다. 이 말은, 비록 음산한 죽음의 골짜기
를 지나느라고 몸과 마음이 아울러 지칠지라도, 이 길 끝에 배

불리 먹고 누워 놀면서 쉴 잔잔한 물과 푸른 풀밭이 있음을 믿는다는 말이다.

나는 하느님을 믿는다. 비록 포연이 그치지 않고 증오와 분쟁의 아우성이 멈추지 않는 아비지옥을 지나느라고 심신이 아울러 지쳐 있지만, 이 길 끝에 아무도 아무를 미워하지 않고 다치지 않는 하느님 나라가 기다리고 있음을, 나는 믿는다.

이 믿음이 오늘도 나를 살아 있게 한다.

주님, 비록 어리석긴 하지만 그래도 지금까지 걸어온 길을 되돌아보면, 발걸음 걸음마다 주님이 저와 함께 하셨음을 알게 됩니다. 지금까지 제가 겪었던 일들이, 그 중에는 두 번 다시 생각하고 싶지 않은 것들도 있습니다만, 그것들까지 포함하여 모두가, 오늘 여기 이런 모습의 저를 만들었으니까요. 아직 죽지 않고 살아 있음에 감사드립니다. 어차피 언제고 숨이 질 텐데 그 순간까지 주님의 인도하심을 믿고, 더 이상은 한눈팔지 않겠습니다. 아무쪼록 저에게 더욱 든든한 믿음을 심어 주십시오.

그는 누군가?

나는 친필로 서명을 하며
여러분에게 문안합니다.
바울로로부터.
골로사이 4:18

　내가 지상(地上)에서 마지막 숨을 거둘 때, 그 동안 이 몸으로 경험한 일들과 그것들을 통해서 배운 것들 또는 버린 것들이 모두 당신 것임을 친필로 서명하여 확인해 줄, 그는 누군가?
　나는 아니다!

주님, 제가 당신을 '주인님'으로 불러 모시는 이것이 허풍이나 쇼(show)가 아니라면, 저에게는 제 것이라고 우길 만한 것이 하나도 없고 모두가 당신 것이어야 합니다. 제가 과연 그렇게 살아가고 있느냐는 별 문제로 하고, 사실이 그러하다는 것을 인정할 뿐 아니라 실제로, 저의 모든 것이 주님의 것임을 아는 그 앎에 근거하여 살고 싶어 한다는 건 주님이 아십니다. 제 인생의 마지막 페이지에 주님이 친필 서명하여, 이번 생은 처음부터 나중까지 모두 내 것이었노라고 확인해 주실 그 순간을 항상 유념(留念)하며 살게 도와주십시오.

의표意表를
찌르시는 분

모세로 말하면 이스라엘 사람들이
"누가 당신을 우리의 지도자나 재판관으로 세웠단 말이오?"
하며 배척했던 사람입니다.
그런데 하느님께서는 천사를 그 가시나무 덤불에
나타나게 하시고
그의 손을 빌려 거기에 있던 모세를
이스라엘 백성의 지도자요 해방자로 보내셨습니다.

사도행전 7:35

⊛

배척당했던 사람을 일으켜 세워 그를 배척했던 자들의 지도
자로 삼는다.
배척당했던 사람도, 배척했던 자들도, 뭔가 미심쩍다.
이쪽도 마지못해서 가고 저쪽도 마지못해서 받아들인다.
그 결과, 종살이하던 자들이 해방되었다.

쉽게 이해되지 않는, 하느님이 하시는 일이다.
그분은 자주 인간의 의표(意表)를 찌르신다.

바야흐로 이 나라 대통령을 뽑는 선거철이 다가오고 있습니다. 자기가 대통령으로 되어 나라를 이끌어 보겠다는 사람이 여럿 나설 모양입니다. 그렇게 스스로 저를 앞세우는 인간들 가운데서 진짜 지도자를 뽑는 일이, 강물에 그물을 던져 사과를 따려는 것만큼이나, 원천적으로 불가능한 일임을 저는 압니다. 그래서 참 마음이 고단하네요. 하지만 어쩌겠습니까? 이게 제가 부대끼며 살아야 하는 세상이요, 껴안고 살아야 하는 사람인 것을. 주님, 저는 어떤 일이 있어도 세상에 앞장서지 않겠습니다. 그러니 저에게는 불붙은 가시나무 같은 것 보여 주지 마셔요. 그 대신, 아내가 타주는 커피 한 잔, 뜰에 피어나는 수선화 한 송이에서 당신의 숨결을 느낄 수 있었으면 합니다. 그게 지나친 욕심이라 하셔도 어쩔 수 없습니다.

단순한 표현의
차이가 아니다

그 때에 마귀 들렸던 사람이 예수를 따라 다니게 해 달라고
애원하였지만 예수께서는 그를 돌려보내시며
"집으로 돌아가서
하느님께서 너에게 베풀어 주신 모든 일을 이야기하라."
하고 이르셨다.
그는 물러가 예수께서 자기에게 해 주신 일을
온 동네에 널리 알렸다.

루가복음 8:38~39

예수께서는 그를 돌려보내시며, "집으로 돌아가서 방금 내가
너에게 베풀어 준 모든 일을 이야기하라."고 말씀하시지 않았
다.

"하느님께서 너에게 베풀어 주신 모든 일을 이야기하라."고
하셨다.

단순한 표현의 차이가 아니다.

그런데 그 사람은 집으로 돌아가, "하느님께서 자기에게 해 주신 일"이 아니라, "예수께서 자기에게 해 주신 일"을 알렸다.

그로서는 그럴 수밖에 없는 일이었으리라.

역시, 단순한 표현의 차이가 아니다.

주님, 제가 혼자서 할 수 있는 일이 아무것도 없다는 것은 이제 분명히 알겠습니다. 우주가 동원되지 않으면, 달리 말해서, 주님이 허락하시지 않으면 제가 손가락 하나 까딱할 수 없다는 것도 어느 정도 알겠습니다. 제 앎이 여기에서 그치지 않고, 저를 포함한 삼라만상이 모두 당신의 자기-실현이라는 진실에까지 이르도록, 주님, 저를 계속 이끌어 주십시오. 그래서 눈에 보이고 손에 잡히는 모든 것에서 당신을 뵙고 당신을 모실 수 있게 된다면, 더 바랄 것이 없겠나이다.

우리의 능력

하느님께서는 아브라함에게 약속을 하실 때에
당신보다 더 위대한 분이 없었으므로
당신 자신을 두고 맹세하시며
"반드시 내가 너에게 복을 주고 너의 후손을 번성하게 하겠다."
고 말씀하셨습니다.
과연 아브라함은 끈기 있게 기다려서
하느님께서 약속하신 것을 받았습니다.

히브리서 6:13~15

하느님께서 아브라함에게 하신 약속은 일방적인 것이었다.
아브라함과 상의해서 만든 약속이 아니었다. 그러므로, 아브라
함은 그 약속을 지킬 의무도 자격도 없었다.

그러나 만일 아브라함이 그 약속을 망각하거나 무시했다면,
그래서 '끈기 있게' 기다리지 않고 하느님을 등졌다면, 과연 그

가 '하느님께서 약속하신 것'을 받았을까?

"나를 믿고 따라라. 내가 너를 새 사람으로 만들겠다."

이렇게 말씀하시는 예수를 끝까지 믿고 그 가르침대로 살고자 애쓰는 사람은 마침내 새 사람으로 거듭날 것이다.

우리에게는 그분의 약속을 실현시킬 능력이 없지만, 그것을 유효로 만들거나 무효로 만들 능력은 있다.

주님, 저를 부르시고, 새 사람으로 거듭나게 하겠다고 약속해 주셔서 고맙습니다. 저는 당신의 약속이 공약(空約)이 아님을 믿습니다. 저만 포기하지 않으면, 저만 돌아서지 않으면, 반드시 그 약속이 저한테서 이루어지리라고 확신합니다. 사실은 벌써 그 약속이 저한테서 실현되기 시작하였고, 이제 남은 것은 시간 문제임을 알고 있습니다. 저에게 이런 믿음과 깨달음을 주셔서 참으로 고맙습니다. 그렇습니다. 저에게서 이루어지는 모든 것이, 하나부터 열까지, 당신의 작품입니다. 이젠 그렇게 되기도 어렵겠습니다만, 저로 하여금 당신의 약속을 잊거나 엉뚱한 길로 빗나가는 일이 없게끔 항상 지켜 주십시오. 그리하여 앞으로 남은 길 가는 데까지 지치지 않고 가도록 붙들어 주십시오.

오늘 하루치만

야훼께서 바람을 일으키시어 바다 쪽에서 메추라기를 몰아다
가 진지 이쪽과 저쪽으로 하루 길 될 만한 사이에 떨어뜨리시어
땅 위에 두 자 가량 쌓이게 되었다. 백성들은 몰려나와 그날 밤
과 낮 동안, 또 다음 날 종일 메추라기를 모아서 진지 주위에 널
어놓았다. 아무리 적게 모은 사람도 열 섬은 모았다. 백성들이
고기를 한창 뜯고 있는데 야훼의 진노가 그들에게 내렸다. 야훼
께서 극심한 재앙으로 백성을 치신 것이다. 욕심 사나운 백성을
거기에 묻었으므로 그곳 이름을 키브롯 하따아와라고 부르게
되었다. 민수기 11:31~34

야훼께서 내리신 '극심한 재앙'이 무엇인지는 알 수 없지만,
짐작컨대 집단 식중독 아닐까 싶다. 생고기를 그렇게 무지막지
로 쌓아 두고 먹었다니, 요즘처럼 냉동고가 있어서 얼려둘 수도
없던 시절에, 그것들이 어찌 상하지 않았으랴?

한창 고기를 뜯다가 죽었다는 기록이, 과연 그랬겠다.

그 엄청난 재앙(?)에서도 살아남은 자들이 있었을 터.

누구였을까?

하루 길 되는 거리에 두 자 두께로 쌓여 있는 메추라기 떼에

서 한두 마리쯤 자기네 식구들이 먹을 만큼만 가져다가 먹은 사람들이 바로 그들이었으리라.

사실 그것은, 하루 먹을 만큼만 가져다가 먹고 내일치를 쌓아 두지 말라는 것은, 일찍이 만나를 내려주실 때 함께 주신 하느님의 명(命)이었다.

그 명에 따른 자들은 재앙이 비껴갔겠지.

그러나, 모두들 메추라기에 눈이 멀어, 하느님이 언제 그런 명을 내리셨느냐는 듯, 하루 종일 밤낮으로 열 섬이나 되는 메추라기를 모으느라고 아수라 난장판인데 거기 휩쓸리지 않고서 하느님의 명을 기억하여 순종한다는 것은, 그것은 결코 쉬운 일이 아니었을 게다.

이 정신없는 자본주의 세상에서, 모두들 돈 돈 돈만 생각하고, 뭐든지 많으면 많을수록 좋고 크면 클수록 좋다는 터무니없는 착각에 빠져 있는데, 거기에 휩쓸리지 않고서 오로지 하늘 도(道)를 좇아 살아가기가 쉽지 않듯이….

오늘 우리에게 일용할 양식을 달라고 기도할 것을 가르치신 주님, 내일 염려는 내일에 맡기라고 가르치신 주님, 당신의 가르침대로 산다는 게 그게 참 이다지도 어려울 줄 몰랐습니다. 최소한, 다른 사람들이 모두 그러니까 어쩔 수 없다는 핑계만이라도 떨쳐버릴 수 있도록 도와주십시오. 주님, 일도 오늘 하루치 일, 양식도 오늘 하루치 양식으로 살아가는 그 옹근 자유와 평화의 날을 저에게 속히 허락해 주십시오.

예수의 눈길은

사람들이 예수를 두고 이렇게 수군거리는 소리를
바리사이파 사람들이 들었다.
그래서 그들과 사제들은 예수를 잡아오라고
성전 경비병들을 보냈다.
그 때 예수께서는 이렇게 말씀하셨다.
"내가 아직 얼마 동안은 너희와 같이 있겠지만
결국 나를 보내신 분에게 돌아가야 한다.
너희는 나를 찾아다녀도 찾지 못할 것이다.
내가 가 있는 곳에는 올 수가 없다."

요한복음 7:32~34

사람들 가운데 "그리스도가 정말 온다 해도 이분보다 더 많은
기적을 보여 줄 수 있겠는가?" 하며 수군거리는 소리가 들렸고,
바리사이파 사람들이 그 소리를 들었다.

사람들은 예수보다 예수가 일으킨 기적들을 보았다. 그래서 그를 따르기도 했고 배척하기도 했다.

  반면에, 예수의 눈길은 언제 어디서나, 당신을 세상에 보내신 분, 머잖아 돌아가서 그 품에 안길 아버지 하느님께 닿아 있었다. 예수는 당신이 어디에서 왔는지, 지금 어디로 가고 있는지를 잘 아셨다. 당신의 출생 이전과 이후를 아셨다는 얘기다.

  그리고 그 앎에 근거하여, 언제 어디서나, 당면한 순간을 사셨다.

  지금 누가 여기서 그렇게 산다면, 그가 바로 예수다.

주님, 분명 제 마음인데 제 맘대로 되지 않는 까닭이 무엇입니까? 병으로 마비되거나, 술에 잔뜩 취하면 몸이 맘대로 움직여지지 않는 것과 다를 바 없다고요? 아, 예! 그래서 제 마음이 제 맘대로 움직여 주지 않는 거군요? 알겠습니다. 그러니까, 제 마음이 제 맘대로 움직여 주지 않는 이유는 그것이 건강하지 못하고 병들었거나 다른 무엇에 잔뜩 취해 있기 때문이라는 것 아닙니까? 그렇다면 주님, 해결책은 하나밖에 없겠습니다. 병든 몸으로 의원을 찾듯이, 제 마음이 제 맘대로 움직여 주지 않을 때마다 제 영혼의 주인(主人)이시요 주치의(主治醫)이신 당신을 찾아야겠습니다. 이제부터는 제 마음을 억지로 다스려 보려고 애쓰는 대신, 당신의 응급실로 달려가겠습니다. 주님, 그러기 위해서, 평소에 당신이 하신 일이나 당신이 하신 말씀에 머물러 있지 말고, 그렇게 일하시고 말씀하시는 당신께로 곧장 달려가는 연습을 착실히 해야겠습니다. 제발 그렇게 할 수 있도록, 필요할 때마다 제 생각을 일깨워 주십시오.

진짜 이야기

그가 얼마나 위대한 분인지를 생각해 보십시오.
대 선조인 아브라함까지도
전리품의 십 분의 일을 그에게 바쳤습니다.

히브리서 7:4

여기 '그'는 "아버지도 없고 어머니도 없고 족보도 없으며 생애의 시작도 끝도 없이 하느님의 아들을 닮아서 영원히 사제직을 맡아보는"(3절) 멜기세덱을 가리킨다.

그가 과연 실존 인물인지 아닌지, 우리는 모른다. 알 방법이 없다. 다만 우리가 알고 있는 것은, 이스라엘 민족에게 더 크고 높은 사람이 없는 대선조 아브라함이 전리품의 일부를 바쳐야 할 만큼, 그보다 크고 높은 사람이 있었다는 '이야기'일 뿐이다.

이 이야기가 우리에게 말해 주고 싶은 '진짜 이야기'는 무엇일까?

최고로 높으신 어르신 위에 더 높은 어르신이 있다!

그럼, 그 어르신 위의 어르신 위에는 다른 어르신이 없는 건가?

사람 위에 사람 없고 사람 밑에 사람 없다. 옳은 말이다.

그러나, 모든 사람 위에 그보다 높은 사람이 있고 모든 사람 밑에 그보다 낮은 사람이 있다. 역시 옳은 말이다.

괜히 우쭐거릴 것도 없고 괜히 주눅들 것도 없는 까닭이 여기에 있다.

주님, 제가 오기 전에도 사람들은 세상을 살았고 제가 떠난 뒤에도 사람들은 세상을 살 것입니다. 그러니까 저는 시원과 종말을 알 수 없는 '사람'의 아주 작은 중간 토막으로 잠시 살다가 가는 거지요. 이 엄연한 진실을 잊어먹고서, 천년만년 살 것처럼 엉뚱한 일에 근심과 걱정 끊일 새가 없음은 참으로 딱한 일이 아닐 수 없습니다. 아무것도 겁내지 말고 다만 감사하는 마음으로 이 순간을 살 수 있도록 도와주십시오. 또한 주님, 저의 앞뒤로만 그런 게 아니라 위아래로도 그러함을 시방 가르쳐 주셨으니, 제 위에 사람 있음을 기억하여 우쭐거리지 않고 제 아래에 사람 있음을 기억하여 주눅들지 않고 저에게 주어진 길을 당당하고 겸허하게 걸어가되 행여나, 제 아래에 사람 있음을 알고 우쭐거리거나 제 위에 사람 있음을 보고 주눅드는 망발에는 결코 빠지는 일이 없도록 철저하게 저를 지켜 주십시오.

각별히 조심할 일

"그 때에 어떤 사람이 너희에게 '그리스도가 여기 있다!' 혹은
'저기 있다!' 해도 믿지 말아라. 거짓 그리스도와 거짓 예언자
들이 나타나서 어떻게 해서라도 뽑힌 사람들을 속이려고 여러
가지 기적과 이상한 일들을 할 것이다. 이 모든 일에 대하여 내
가 이렇게 미리 말해둔다. 그러니 조심하여라."
마르코복음 13:21~23

이 말씀은 세상 종말에 있을 일을 '미리' 말씀하신 것이니 아
직은 조심하지 않아도 괜찮다는 생각을 한다면, 그런 위험이 없
다. 예수께서 아직 오지 않은 일을 조심하라고 하셨다면, "내일
일은 내일에 맡기라."는 당신 가르침을 스스로 어긴 셈이 된다.

사실, 이런 종류의 속임수는 언제 어디에나 있었고, 지금도
물론 있고, 앞으로도 있을 것이다.

'그 때'라는 단어와 미래형 시제(時制)에 사로잡혀 이 경고의
현재성을 놓친다면, 예수 말씀을 잘못 알아들은 것이라 하지 않

을 수 없다.

"여기 그리스도가 있다!"는 말이 왜 거짓인가? 이유는 간단하다. 그리스도는, 하늘나라처럼, 모든 곳에 현존하시므로 '여기'나 '저기'라는 특수 공간에 있을 수 없는 분이시기 때문이다. 그것은 태양이 지구의 어느 고원이나 사막에 있다고 말하는 것과 같다.

그런 뻔한 거짓말에 속아 넘어가는 사람들은 누구인가? '여러 가지 기적과 이상한 일들'에 혹한 사람들이다. 자연은 자연스럽기에 자연이다. 자연은 여러 가지 기적과 이상한 일들을 만들어 내지 않는다.

누가 무슨 기적을 일으켰다는 소문이 들리면 각별 조심할 일이다. 그가 만일 제가 일으킨 기적을 제 입으로 선전하고 다닌다면, 그 사람 근처에도 가지 않는 것이 신상에 좋을 것이다.

자기와 자기가 하는 일을 선전하는 것이 하나도 이상하지 않고, 오히려 그리 하는 게 당연하다는 생각이 우리를 휘어잡고 있습니다. 다른 사람들이라면 또 모르겠습니다만, 예수 그리스도를 모시고 따르노라는 교회들이 그러고 있으니, 참으로 딱하고 민망한 노릇이 아닐 수 없습니다. 어쩌다가 이렇게 되었는지 모르겠어요. 주님, 저로 하여금 당신이 이루신 일들을 바라보는 사이에 당신을 놓치는 어리석음을 짓지 않도록 살펴주십시오. 제가 하는 일들에 빠져서 저 자신을 잃어버리는 망신을 당하지 않도록, 제 마음과 행동을 지켜 주십시오.

그것들을 관통하여

더구나 하느님께서 솔로몬에게 지혜와 슬기를 한없이
주셨으므로 그의 박식하기가 바다의 모래벌판 같았다.
솔로몬의 지혜는 동방의 어떤 사람도 따를 수 없었고
지혜 있다는 에집트의 누구도 따를 수 없었다. …
그는 레바논에 있는 삼나무로부터
성벽에 자라는 우슬초에 이르기까지
모든 초목을 논할 수 있었으며
야수나 날짐승이나 기는 짐승이나 물고기를 모두 논하였다.
그리하여 모든 민족으로부터
사람들은 솔로몬의 지혜를 들으러 왔고
그의 지혜의 소식을 들은 세상의 모든 왕들이 또한 그리하였다.

열왕기상 5:9~14

많은 사람들이 천재 모차르트의 음악에 감탄한다. 그러나 얼
마나 되는 사람들이 모차르트에게 천재를 주신 그분에 대하여

감탄하는지, 그것은 모를 일이다.

　모든 민족들로부터 왕과 백성들이 몰려와서 솔로몬의 지혜와 박식에 감탄하였다. 그러나 그들 가운데 몇이나 솔로몬의 지혜와 박식의 근원이신 그분을 기억하고 외경했을까? 모를 일이다.

　그런 것은 몰라도 된다. 나는 오늘도 나무를 보고 구름을 보고 사람들을 만나고 사건들을 겪을 것이다. 그러면서　얼마나 내 마음은 나무와 사람들과 사건들을 관통하여, 그것들을 거기 그렇게 있도록 하시는 '그분' 께로 눈길을 돌릴 것인가? 그게 문제다.

주님, 제가 무엇을 보게 되든지 그 보이는 모양에 눈길이 머물러 있지 말고, 그것을 관통하여, 그 뒤에 숨어 계시는 당신께로 나아가게 도와주십시오. 맘으로는 간절히 바라는데 그게 잘 되지를 않습니다. 방법은 주님께 맡기오니, 제발 그렇게 되도록 도와주십시오.

백척간두진일보

百尺竿頭進一步

내가 이 세상에 속하지 않은 것처럼
이 사람들도 이 세상에 속한 사람들이 아닙니다.
이 사람들이 진리를 위하여
몸을 바치는 사람들이 되게 하여 주십시오.
아버지의 말씀이 곧 진리입니다.
아버지께서 나를 세상에 보내신 것 같이
나도 이 사람들을 세상에 보냈습니다.
내가 이 사람들을 위하여 이 몸을 아버지께 바치려는 것은
이 사람들도 참으로 아버지께 자기 몸을 바치게 하려는 것입니다.
요한복음 17:16~19

세상에 살지만 세상에 속하지는 않는다. 이곳은 잠시 왔다가
가는 곳이다. 왜 왔는가?

진리이신 아버지 말씀에 복종하는 삶을 살기 위해서다. 예수

께서 그 본을 잘 보여 주셨다.

그렇게 살면 뭐가 어찌 되는가? 그것은 그렇게 살면 누구나 답을 알 수 있는 질문이다. 이는,

그렇게 살지 않고서는 누구도 답을 알 수 없는 질문이라는 말이다.

"내가 진리다." 이렇게 말씀하신 분이, "내가 진리이신 아버지 말씀에 몸을 바쳤듯이" 이 사람들도 진리를 위하여 몸을 바치게 해 달라고 기도하신다. 진리를 좇아서 살아가는, 그것이 바로 진리다.

그러려면, '이것이 진리다'라는 내 생각을 먼저 비우고, 보이지 않는 그분께 옹근 알몸을 바쳐야 한다.

백척간두진일보(百尺竿頭進一步)로 허공에 몸을 던져야 한다.

허공에 몸을 던진다는 것이, 그것이 말하기는 쉽고 멋도 있어 보이지만, 실제로 얼마나 어렵고 괴로운 일인지 주님도 잘 아실 것입니다. 아니면, 왜 게쎄마니에서 구슬땀을 흘리셨습니까? 하지만 주님, 이 길만이 진리에 몸 바쳐 사는 길이라면, 저 또한 진심으로 백척간두진일보를 소망합니다. 제 스스로의 힘만으로는 못 가는 길임을 잘 알고 있습니다. 그러나, 제가 소망하지 않으면 갈 수 없는 길이라는 것도 압니다. 아무쪼록 저도 주님처럼, 진리에 몸 바치는 그날을 맞게 해 주십시오. 오직 그날을 바라보며 날마다 '오늘 하루'만 살게 도와주십시오. 숨지기 전에 그날을 보지 못해도 괜찮습니다.

비밀

그래서 요셉의 주인은 그를 잡아 감옥에 넣었다.
그곳은 왕의 죄수들을 가두어 두는 곳이었다.
그러나 그가 감옥에 있을 때에도
야훼께서는 요셉을 돌보시었다.
그에게 한결같은 사랑을 쏟으시고 은총을 베푸시어
간수장의 눈에 들게 해 주셨다.

창세기 39:20~21

"그가 감옥에 있을 때에도" 야훼께서 요셉을 돌보시었다는 말은, 그가 억울한 누명을 쓰고 투옥되는 순간에도 야훼께서 요셉을 돌보셨다는 말이다.

그랬다. 야훼께서는 언제 어디서나 요셉을 돌보셨다.

야훼의 돌보심 아래 형들한테 잡혀 노예로 팔렸고, 야훼의 돌보심 아래 여주인의 유혹을 받았고, 야훼의 돌보심 아래 누명을 쓰고 옥에 갇혔다.

야훼의 돌보심을 받아서 그런 불상사들이 그의 신상에 일어나지 않은 게 아니다.

야훼가 돌봐 주시지 않아서 그런 좋지 않은 일들이 그에게 일어난 게 아니다.

요셉은 이 비밀을 알았다. 사람이, 어떤 처지에서도 자기를 눈동자처럼 아끼고 보살피는 그분의 현존을 느끼면서 좌절 낙담하여 함부로 처신할 수는 없는 일이다.

그가 하는 일마다 잘된 까닭이 여기에 있다.

주님이 저를 보살피시지 않아서 저에게 좋지 않은 일이 생기는 것이 아님을 일깨워 주시니 고맙습니다. 주님이 저를 지켜 주시기에, 원천적으로 저에게 나쁜 일이 일어날 수 없음을 일깨워 주시니 더욱 고맙습니다. 다만, 저의 믿음이 아직 충분히 두텁지를 못하여, 짧은 소견으로 근심하고 두려워하는 일이 자주 있사오니, 아무쪼록 불쌍히 여기시어, 저로 하여금 더욱 담대하고 굳건한 믿음으로 주님의 가르침을 좇아 살게 해 주십시오. 저에게 겨자씨만한 믿음이 있다 해도 그것이 제가 스스로 만든 믿음이 아니라 당신이 저에게 주신 믿음임을 고백합니다. 실로 저의 모든 것이 오직 당신의 작품입니다.

거룻배 한 척의 거리

예수께서 제자들과 함께 호숫가로 물러가셨을 때에 갈릴래아에서 많은 사람들이 따라왔다. 또 유다와 예루살렘과 에돔과 요르단 강 건너편에 사는 사람들이며 띠로와 시돈 근방에 사는 사람들까지도 예수께서 하시는 일을 전해 듣고 많이 몰려왔다. 예수께서는 밀어닥치는 군중을 피하시려고 제자들에게 거룻배 한 척을 준비하라고 이르셨다. 예수께서 많은 사람을 고쳐 주셨으므로 병으로 고생하는 사람들이 앞을 다투어 예수를 만지려고 밀려들었던 것이다. 또 더러운 악령들은 예수를 보기만 하면 그 앞에 엎드려 "당신은 하느님의 아들이십니다!" 하고 소리 질렀다. 그러나 예수께서는 그들에게 당신을 남에게 알리지 말라고 엄하게 명령하셨다.

마르코복음 3:7~12

향기로운 꿀을 담은 꽃이 사방에서 모여드는 벌 나비를 피할 수는 없는 일이다. 깊은 바다가 사방에서 흘러드는 강물을 막을 수 없듯이….

예수 있는 곳으로 모여드는 군중이 그와 같았다. 누가 있어 그들의 흐름을 막을 것인가?

그러나 군중 속에서 군중으로부터 떨어져 있어야 한다. 그러지 않으면 군중에 묻혀 질식하고 만다.

거룻배 한 척의 거리! 멀지도 가깝지도 않은 거리! 그 거리를 유지하는 데 '예수의 길'이 있었다.

사탄이 하는 일은 이제나 저제나 똑같은가? 달보다 달을 가리키는 손가락으로 사람들 시선을 돌리기 위해서, 엉뚱한 광고 선전에 열을 올린다.

그의 공작(工作)에 놀아나지 않는 것이 또한 '예수의 길'이었다.

주님, 저에게 날마다 그날에 해야 할 일을 주셔서 고맙습니다. 정성껏 하겠습니다. 하지만 제 일에 파묻혀서 저 자신을 잃어버리는 어리석음만큼은 피하게 해 주십시오. 저에게 주신 일에 충실하되 그 일에서 자유롭고 싶습니다. 주님이 군중 속에서 거룻배 한 척으로 군중을 멀리 하셨던 것처럼, 저도 이 세상 어디를 가든지 제 속에 거룻배 한 척 가지고 다니며, 사람들 가운데서 홀로 있기를 시도해 보겠습니다. 나아가, 정작 보아야 할 것에서 눈을 돌려 보지 않아도 되는 것 또는 보지 말아야 할 것을 보게 하려는 사탄의 유혹에서 저를 건져 주십시오.

말끝

회중이 흩어진 뒤에는
많은 유다인들과 유다교에 입교한 이방인들이 따라왔으므로
바울로와 바르나바는 그들과 이야기를 나누며
항상 하느님의 은총을 입고 살아가라고 권하였다.

사도행전 13:43

누구와 어디서 무슨 말을 나누든, 마침내는 자기와 하느님 사이의 관계로 말끝이 돌아간다.

그러지 않으면, 하느님의 사도가 아니다.

주님, 저로 하여금 눈에 들어오는 모든 것에서 현존하시는 당신을 뵙게 해 주십시오. 아울러, 나침반의 바늘이 언제 어디서나 북쪽을 바라보며 북쪽을 보여 주듯이, 저의 모든 생각과 말과 행실로 하여금 오직 당신을 바라보며 당신을 보여 주는 손가락이 되게 하여 주십시오. 모한다스 간디처럼, 저도 마지막 숨 거두는 순간 당신 이름을 부르게 해 주십시오.

항상 대기 중

하느님께서는 사람들이 행복하게 살기만 바라시니,
인생을 너무 심각하게 생각하지 말라.
전도서 5:19

행복한 사람은 춤을 춘다. 춤추는 몸은 무겁지 않다.

인생을 너무 가벼이 여겨 아무 데서나 까부는 것도 바람직하지 않지만, 인생을 너무 무겁게 살아 언제 어디서나 침통하게 가라앉아 있는 것도 바람직하지 않다.

사람이 행복하게 살기를 하느님께서 바라신다. 사람도 같은 것을 바란다. 둘의 뜻이 합했는데, 사람이 행복하게 살지 못할 까닭이 없다.

그런데도 행복하지 못한 사람이 있다면 그 이유는, 본인이 행복하기를 바라고 있지 않든지 아니면, 바라기만 했지 어떻게 하면 행복할 수 있는지 그 방법을 배우려 하지 않았든지, 둘 중에 하나다.

본인이 행복하게 살고 싶지 않다면야 더 할 말 없지만, 아직 그 방법을 터득하지 못한 사람이라면 이제라도 배움의 길로 들어설 일이다. 길은 언제나 어디에나 열려 있고, 선생 또한 항상 대기 중이다.

사람들이 행복하게 살기를 하느님께서 바라시기 때문이다.

감히 당신을 선생님으로 모시고 살겠다는 용기와 믿음을 주셔서 고맙습니다. 더구나, 사실을 알고 보면 제가 선생님을 택한 게 아니라 선생님이 저를 택하신 것이라고 하시니, 이보다 더 고마울 데가 없습니다. 선생님, 이왕 이 길에 들어섰으니 어디 한번 죽기를 각오하고 갈 데까지 가 보겠습니다. 제발 이 마음 흔들리지 않도록 지켜 주십시오. 그래서, 무슨 무슨 조건이 갖추어졌기 때문에 행복한 가짜 행복이 아니라, 아무 이유 없이 그냥 행복한, 그래서 더 이상 '행복'이라는 단어조차 생각나지 않는 그런 행복을 누릴 수 있게 해 주십시오. 이것이 저의 소원일 뿐 아니라 당신의 소원이기도 하다는 사실을 믿나이다.

있지도 않은 적

그러면 이스라엘이 걸려 넘어져서
완전히 패망하고 말았다고 할 수 있겠습니까?
절대로 그렇지 않습니다.
그들의 죄 때문에 오히려 이방인들은 구원을 받게 되었고
이스라엘은 이방인들을 시기하게 되었습니다.
이렇게 이스라엘의 범죄가 세상에 풍성한 축복을 가져왔고
이스라엘의 실패가 이방인들에게 풍성한 축복을 가져왔다면
이스라엘 전체가 구원을 받는 날에는
그 축복이 얼마나 엄청나겠습니까?
로마서 11:11~12

하느님이 지으신 세계다. 지극히 작은 티끌이라도 완전히 패
망하여 없어지는 것은 없다. 전체인 하나(一)로 연결되지 않는
존재물이 없기 때문이다. 모든 것이 수시로 그 모양을 바꿀 따

름이다.

매우 분명한 사실 하나.

예수가 없었다면 십자가도 부활도 없었겠지만, 산헤드린이나 빌라도가 없었더라도 결과는 마찬가지였을 것이다.

어둠이 따로 실재하는 것이 아니라 빛의 부재가 곧 어둠이듯이, 선의 부재가 악이요 삶의 부재가 죽음이다.

'죽음'은 싸워서 이길 무엇이 아니다. 악(惡)도, 죄(罪)도 마찬가지다.

있지도 않은 것을 무슨 수로 싸워서 이길 것인가?

주님, 세상의 악과 싸우느라고, 죄와 싸워서 이겨보려고, 오랫동안 아까운 시간과 정력을 바쳤습니다. 그래도, 그래서, 그게 아니라는 것을 비로소 알게 됐으니 마냥 헛살았다고는 생각하지 않습니다. 하지만, 이제 더는 그렇게 살지 않겠어요. 어둠을 물리치고 불의를 꺾으려던 생각일랑 깨끗이 비우고, 그 대신, 빛을 일으키고 의를 세우는 일에 전념하겠습니다. 그게 그거 아니냐고 묻는 사람들도 있겠지만, 저는 그게 하늘하고 땅만큼 다르다는 걸 알고 있으니, 흔들리지 않을 겁니다. 더 이상, 있지도 않은 적을 만들어서 씨름하는 허깨비 장난에 놀아나지 않겠어요. 빌라도 없이는 예수의 십자가도 없다는 게 옳은 말씀이긴 합니다만, 그렇다고 해서 빌라도를 본받아 살 수는 없는 일 아닙니까? 주님, 제 이 각오가 물거품처럼 되지 않도록 도와주십시오.

사람의 말

그가 외친 곳은 광야였지만, 그 말의 파장은 예루살렘을 비롯하여 유다 여러 지방과 요르단 주변 각처로 퍼져나갔다. 신문도 라디오도 없었는데 그랬다.

만일 그가 유다 광야 아닌 다른 곳, 예컨대 예루살렘 성전 입구쯤 되는 곳에서 회개하라고 외쳤어도, 사람들이 그의 말에 귀를 기울였을까?

그가 당시 제사장들이나 율법학자들이 입는 고급 비단옷을 몸에 걸치고 높은 걸상에 앉아서 하늘나라가 다가왔다고 외쳤어도, 사람들이 그에게 몰려와서 세례를 받겠다고 했을까?

주님, 사람의 말이 입으로만 하는 게 아님을 깨우쳐 주셔서 고맙습니다. 언제 어디에서 누가 어떻게 하느냐에 따라 하늘만큼 땅만큼 달라지는 게 사람의 말임을 명심하여, 말은 많은데 시끄럽기만 하고 귀만 아픈 그런 사람이 되지 않도록 도와주십시오. 언제 어디서나, 제 입으로 말하는 게 제가 아니라 당신이라면 더 바랄 것이 없겠습니다만….

끝까지

하느님께서
당신의 안식처에 들어가게 해 주시겠다는
약속이 살아 있으니
여러분 가운데
그 기회를 놓쳐버렸다고
생각하는 사람이 있어서는 안 되겠습니다.
히브리서 4:1

하느님이 살아 계시고 당신도 아직 살아 있다. 그러니 당신에게는 절망할 근거가 없다.

그런데도 절망한다면, 그것은 본인의 선택이므로 하느님께서도 어쩔 수 없으시다.

사람의 짧은 안목으로 하느님이 하시는 일을 예단(豫斷)하는 것은, 촛불로 태양을 밝히려는 것만큼이나 턱없는 짓이다.

무엇을 기다리거나 견디려면 끝까지 기다리고 끝까지 견뎌야한다. 그게 하느님을 믿는 것이다.

여기서 말하는 '끝까지'란, '숨을 거두는 바로 그 순간까지'를 뜻한다.

주님, 사람에 대하여, 그 사람이 지금 어떤 모습을 하고 있든 간에, 미리 절망하고 포기하는 불신(不信)에 빠지지 않도록 저를 붙잡아 주십시오. 당신이 온몸으로 사랑하시는 그 사람을, 미리 포기하거나 정죄하는 것은, 그 사람보다 저 자신을 위하여 불행한 일이겠지요. 당신의 약속 굳게 믿고, 마지막 숨을 거두는 그 순간까지, 사람에 대하여, 역사에 대하여, 세상에 대하여 참고 견디며 기다릴 수 있도록, 주님, 저의 마음과 몸을 붙잡아 주십시오.

말하기 전에

자네들의 좌우명은 티끌 위에 쓴 격언이요
자네들의 답변은 흙벽돌 위에 쓴 답변일세.
욥기 13:12

말이 무용지물(無用之物)인 때가 있고, 말 자체가 장벽이 되는 때가 있다.

아무리 좋은 말도 시의(時宜)를 잃으면 결코 좋은 말이 못 된다.

마땅히 말하기 전에 때와 상황을 살필 일이다.

하늘은 가끔 천둥벼락으로 말하지만 대부분은 침묵으로 말한다.

하늘 닮은 사람도 그럴 것이다.

무슨 말이든지 마지못해서 하면 인생이 너무 삭막해질까요? 글쎄, 그럴는 지 모르겠습니다만, 그래도, 쓸데없는 말을 시끄럽게 늘어놓아 저도 피곤하고 남도 고단하게 만들고 싶지는 않습니다. 때로 서릿발처럼 날카로운 말을 해야 할 경우도 있겠지만, 평상시에는 입을 다물고 그 대신 온화한 얼굴로 소리 없이 말하며 살도록 주님, 제 입술을 지켜 주십시오.

오직 근본을 얻을 일

예수의 일행이 여행하다가 어떤 마을에 들렀는데
마르타라는 여자가 자기 집에 예수를 모셔 들였다.
그에게는 마리아라는 동생이 있었는데
마리아는 주님의 발치에 앉아서 말씀을 듣고 있었다.
시중드는 일에 경황이 없던 마르타는 예수께 와서
"주님, 제 동생이 저에게만 일을 떠맡기는데
이것을 보시고도 가만두십니까?
마리아더러 저를 좀 거들어 주라고
일러주십시오."하고 말하였다.
그러나 주께서는 이렇게 대답하셨다.
"마르타, 마르타,
너는 많은 일에 다 마음을 쓰며 걱정하지만
실상 필요한 것은 한 가지뿐이다.
마리아는 참 좋은 몫을 택했다. 그것을 빼앗아서는 안 된다."
루가복음 10:38~42

가지들을 하나씩 잡아서는, 아무리 품이 넓은 사람이라도, 한 그루 나무를 옹글게 잡을 수 없다. 가지들을 버려두고, 아래로 내려와, 기둥을 부여안으면 한 그루 나무가 그대로 품에 안긴다.

　무슨 일이든, 지엽(枝葉)을 거기 그냥 두고 근본(根本)을 잡는 것이 중요하다. 온갖 복잡한 문제를 푸는 것은 단순함이라는 열쇠다. 그래서,

　단득본막수말(但得本莫愁末)을 여유리함보월(如琉璃含寶月)이라, 맑은 유리가 밝은 달을 머금고 있는 것처럼 오직 근본을 얻을 일이요 잔가지들을 근심하지 말라고 했다.

　주님 한 분 중심에 모시면 그것으로 그만이다. 더 무엇을 구할 것인가?

주님, 바람이 불 때마다 흔들리는 저를 봅니다. 그래도 주님, 저 걱정하지 않습니다. 제 뿌리가 당신 품에 박혀 있으니까요. 그냥, 고마울 따름입니다.

처음 자리

그러자 예수께서는 그 여자들에게
"두려워 하지 말아라.
가서 내 형제들에게 갈릴래아로 가라고 전하여라.
그들은 거기서 나를 만나게 될 것이다." 하고 말씀하셨다.
마태오복음 28:10

하고 많은 곳이 있는데 왜 하필 갈릴래아인가?
갈릴래아는 제자들이 스승을 처음 만난 곳이다.
스승과 제자가 처음 만나서 함께 길을 떠난 곳,
거기는 스승과 제자가 마침내 돌아갈 곳이기도 하다.
처음이자 나중인 스승을 만나려면 그리로 갈 수밖에 없다.
어디에 있든, 처음 자리를 지키면, 그 있는 곳에서 별 탈 없을
것이다.

스승과 함께 있는 제자는 무슨 짓을 해도 잘못될 수가 없기 때문이다.

주님, 제가 어디에 있든, 거기서 무슨 일을 하든, 당신이 저를 호흡 가운데 만나 주시던 수녀원 화장실의 새벽을 기억하고, 제 마음으로 하여금 그곳을 떠나지 않게 도와주십시오. 나아가, 제가 어미 태에서 양수를 쓰고 세상에 나오던 그날의 가난함과 고요함을 유념하여, 어떤 추위와 빈곤에서도 넉넉하고 감사한 마음으로 견딜 수 있게 해 주십시오. 저와 함께 이 길을 떠나신 당신이 지금도 함께 계시며 제 인생의 종점에서 저를 기다리고 계시는 줄 알기에, 아무것도 두렵지 않습니다.

어떻게 하느냐에
달려 있다

빛이 세상에 왔지만 사람들은 자기들의 행실이 악하여
빛보다 어둠을 더 사랑했다.
이것이 벌써 죄인으로 판결받았다는 것을 말해 준다.
과연 악한 일을 일삼는 자는
누구나 자기 죄상이 드러날까 봐
빛을 미워하고 멀리한다.
그러나 진리를 따라 사는 사람은 빛이 있는 데로 나아간다.
그리하여 그가 한 일은
모두 하느님의 뜻을 따라 한 일이라는 것이 드러나게 된다.
요한복음 3:19~21

　무슨 일이든지 자기 뜻이 아니라 하느님의 뜻을 따라서 하려
면, 방법은 간단하다. 그 일을 공개적으로 드러내어 하면 된다.
　청천백일(晴天白日)을 머리 위에 모신 상태에서, 아무것도 감

추지 않고 묻어두지 않고 일하면, 그 일이 곧 '하느님의 뜻을 따라서 한 일'이 되는 것이다.

사람이 자기 뜻대로 일하는지 하느님 뜻대로 일하는지, 그 판가름은 그가 무슨 일을 하느냐보다 그 일을 어떻게 하느냐에 달려 있다.

비밀 없는 곳에 하느님이 계시고, 비밀 있는 곳에 사탄이 숨어 있다.

어느 정보기관 마당에 이런 내용의 글이 돌에 새겨져 있는 것을 본 적이 있습니다. "우리는 양지를 지향하여 음지에서 일한다." 그 석문(石文)이 세워져 있는 동안, 많은 사람이 거기에서 고문을 받았고 그러다가 죽어간 이들도 적지 않았지요. 저는 그것을 볼 때마다, 저 말을 거꾸로 하면 내가 살아가면서 취해야 할 자세가 되겠구나, 하고 생각했어요. "나는 음지를 지향하여 양지에서 일한다." 주님, 제가 어디에 있든지 세상의 그늘진 곳을 망각하거나 외면하지 않도록 도와주십시오. 그러나 저 자신은 언제 어디서나 밝은 빛에 알몸으로 노출시키도록 믿음과 용기를 주십시오. 털어서 먼지 안 나는 사람 있겠느냐고들 합니다만, 그런 사람 여기 있다, 자 털어보아라! 당당하게 나설 수 있는, 빛살 같은 사람으로 되고 싶은 제 마음, 주님이 아십니다.

그림자처럼

요한은 낙타 털 옷을 입고
허리에 가죽띠를 두르고
메뚜기와 들꿀을 먹으며 살았다.
그는 사람들에게 이렇게 외쳤다.
"나보다 더 훌륭한 분이 내 뒤에 오신다.
나는 몸을 굽혀
그의 신발끈을 풀어드릴 만한 자격조차 없는 사람이다."
마르코복음 1:6~7

자기보다 훌륭한 분, 신발끈을 풀어드리기도 황송한 분, 그런 분을 모시고 길라잡이로 나선 사람.

요한은 그것만으로도 충분히 행복한 사람이었다!

이제 그에게 한 가지 남은 일이 있다면, 겸손히 그분 뒤로 물러서서, 그림자처럼 그분을 따르는 일이다. 거기가 그의 종점이었다.

그가 과연 거기까지 갔는지 안 갔는지 또는 못 갔는지, 그건 내 알 바 아니다.

자애롭고 친절하게도 저보다 꼭 한 발짝 앞서 가시며, 미처 따라가지 못하고 딴전을 피워도 넉넉하게 기다려 주시는 주님, 고맙습니다. 주님을 스승으로 모시고 살게 된 것 하나만으로도 저는 더 바랄 것이 없습니다. 그런데도 틈만 나면 당신을 잊어버리고 괜한 일에 실망과 불평을 늘어놓곤 합니다. 주님, 언제 어디서나 제 앞에 당신이 계시다는 사실을 유념하고 살게 도와주십시오. 당신의 그림자 되어 당신을 따라가는 것으로 제 인생의 모든 것을 삼게 해 주십시오.

부드럽되 때로는
서릿발처럼

우리는 말할 것도 없고 하늘에서 온 천사라 할지라도
우리가 이미 전한 복음과 다른 것을 여러분에게 전한다면
그는 저주를 받아 마땅합니다.

갈라디아 1:8

단호하다. 서릿발 같다.

사랑하는 제자에게 "사탄아, 내 뒤로 물러서라!" 호통 치던 스승을 연상케 한다.

그러나,

함부로, 그런 실력도 자격도 없으면서, 아무나 흉내낼 일은 결코 아니다.

그런 자들이 너무 많아 세상은 오늘도 슬프고 어이없는 한 판 코미디다.

주님, 항상 따스하고 부드럽되 때로는 서릿발처럼 차갑고 날카롭게 해 주십시오. 그러나, 제 임의로 그러지 못하게 막아 주십시오. 언제나 겸손히 물러서되 때로는 오만하게 앞장설 줄도 알게 해 주십시오. 그러나 역시 제 임의로 제 감정을 못 이겨서 그러지는 않게 해 주십시오. 부드럽든 딱딱하든, 겸손하든 오만하든, 모든 일에 오직 당신의 손발 되기만을 원하나이다.

진인사盡人事

예수께서 예리고에 이르러 거리를 지나가고 계셨다.
거기에 자캐오라는 돈 많은 세관장이 있었는데
예수가 어떤 분인지 보려고 애썼으나
키가 작아서 군중에 가리워 볼 수가 없었다.
그래서 예수께서 지나가시는 길을 앞질러 달려가서
길가에 있는 돌무화과나무 위에 올라갔다.

루가복음 19:1~4

거기까지다. 예수가 지나가는 길을 앞질러 달려가서 길가에
있는 돌무화과나무 위로 올라갔다. 자캐오와 예수의 극적인 만
남이 성사되는데, 자캐오가 한 일은 거기까지였다. 그는 다만
예수가 어떻게 생긴 사람인지 보고 싶었을 뿐이다.

그분을 자기 집에 모신다는 것은, 기대는 관두고, 상상조차
못했을 것이다.

한 번만이라도 좋으니 예수를 자기 눈으로 보고 싶다는 마음이 간절했고, 그래서 자기 능력으로 할 수 있는 일에 최선을 다했다.

그것으로 충분했다. 예수는 그것이 자캐오의 진인사(盡人事)임을 아셨고, 당신과 자캐오의 만남이 이루어지는 일에 당신이 채워야 할 나머지 몫을 기꺼이 담당하셨다.

오직 지금 여기에서 하고 싶은 일을 할 수 있을 만큼 할 따름이다.

진인사(盡人事)하였으면 됐다. 대천명(待天命)까지 가지 않아도 상관없다.

주님, 당신을 만나기 위하여 제가 할 수 있는 일이 무엇입니까? 그 일을 제가 어디까지 할 수 있습니까? 가르쳐 주십시오. 이 세상 사는 동안 그 한 가지 일에 저의 모든 것을 걸겠습니다. 저에게 너무 많은 소원들이 지저분하게 있어서 그것들이 제 길을 방해하고 있습니다. 당신을 친히 만나 뵙는 것, 그 일 말고는 아무것도 바라지 않게 해 주십시오.

한 배를 탄 사이

일행이 호수를 건너가고 있을 때에 예수께서는 잠이 드셨다. 그
때 마침 물으로부터 호수로 사나운 바람이 내리 불어 물이 들기
시작하여 사람들이 위태롭게 되었다. 제자들은 예수께 가서 흔
들어 깨우며 "선생님, 선생님, 우리가 죽게 되었습니다!" 하고
소리쳤다. 예수께서 일어나 바람과 사나운 물결을 꾸짖으시자
바람과 물결이 잔잔해지고 바다가 고요해졌다. 예수께서는 제
자들에게 "너희의 믿음은 다 어떻게 되었느냐?" 하시며 책망하
셨다. 그들은 두렵기도 하고 놀랍기도 하여 "도대체 이분이 누
구신데 바람과 물결까지도 그 명령에 복종하는가?" 하고 서로
수군거렸다.

루가복음 8:23~25

주무시던 예수께서 스스로 잠을 깨고 일어나시지 않았다. 겁
에 질린 제자들이 그분을 깨워드렸다.

아무리 한 자리에 있어도, 잠들어 있는 사람하고는 함께 있을

수 없다. 잠들어 있는 사람하고는 이야기도 나누지 못하고 밥도 같이 못 먹는다. 한 배에 탔어도 한 배에 탄 게 아니다.

갑작스런 바람이 호수에 풍랑을 일으켰고, 풍랑이 제자들 가슴에 두려움을 일으켰고, 그 두려움이 예수를 깨워, 비로소 스승과 제자로 하여금 '한 배를 탄 사이'가 되게 하였다.

잠에서 깨어난 스승은 풍랑을 먼저 잠재운 다음 제자들을 꾸중하셨다.

제자들을 꾸짖고 나서 풍랑을 잠재우신 게 아니다.

아직 모자라고 아직 덜 되고 아직 모르는 게 많아서, 그래서 제자다.

스승한테 꾸중을 듣는다! 얼마나 행복한 제자들인가?

꾸짖을 제자들이 눈 앞에 있다! 얼마나 행복한 스승인가?

주님, 저를 제자로 받아주셔서 고맙습니다. 이왕 제자가 되었으니, 선생님의 가르침을 제대로 받아서 배워 익히게 도와주십시오. 무엇보다도, 저 자신이나 선생님을 속이려 드는 못난 제자가 되지 않도록, 저를 정직하고 단순한 아이로 만들어 주십시오. 그래서 꾸중 들을 때 꾸중 듣더라도, 그것이 싫어서 아닌 것을 그런 척하거나 그런 것을 아닌 척하는 일은 없게 해주십시오. 선생님, 저에게 남은 세월이 얼마나 되는지 모르겠습니다만, 더 이상은 어떤 명분으로든 쇼를 하고 싶지 않습니다. 만사에 사랑과 진실로만 대하며 살아가도록, 주님의 강하신 손으로 저를 붙잡아 주십시오.

눈이 가리워져서

자기가 빛 속에서 산다고 말하면서
자기의 형제를 미워하는 자는
아직도 어둠 속에서 살고 있는 자입니다.
자기의 형제를 사랑하는 사람은 빛 속에서 살고 있는 사람이며
그는 남을 죄짓게 하는 일이 없습니다.
그러나 자기 형제를 미워하는 자는 어둠 속에 있으며
어둠 속에서 살아가기 때문에 그 눈이 어둠에 가리워져서
자기가 어디로 가는지 알지 못합니다.

요한1서 2:9~11

세상에 빛이 없어서 어두운 게 아니라 내가 눈을 뜨지 못해서, 내 눈이 가리워져 있어서, 그래서 어두운 것이다. 형제가 미운 짓을 해서 미워하는 게 아니다. 형제의 정체를 바로 보지 못해서, 그래서 미워할 수 없는 상대, 미워할 이유가 없는 상대를

미워하는 것이다.

밝음과 어둠의 경계가 사람의 얇은 눈꺼풀에 있다.

눈 뜬 사람이 형제를 사랑하는 것은, 사랑해야 하기 때문에 사랑하는 것이 아니다.

사랑하지 않을 수 없어서, 사랑밖에는 할 일이 없어서, 그래서 사랑하는 것이다.

피어나지 않을 수 없어서 피어나는 저 찔레꽃처럼….

주님, 서로 사랑하라는 말씀을 저에게 지우신 의무로 오랫동안 생각해 왔습니다. 그래서 조금도 사랑스럽지 않은 누구를 사랑해 보려고 애써보았지만, 결과는 언제나 실패였어요. 사랑이란 의도를 가지고 노력해서 되는 게 아님을 몰랐습니다. 물 흐르고 바람 불듯이, 저절로 자연스럽게 이루어지지 않는 사랑은 참된 사랑이 아님을 이제 겨우 알겠습니다. 당신이 저를 사랑하시는 것이, 저를 사랑해야 한다는 의무감에서가 아니라 저를 사랑하는 것 말고는 저에게 하실 일이 없어서임을 가르쳐 주셔서 고맙습니다. 주님, 저에게 당신의 눈을 주십시오. 당신 눈으로 보면 저도 모든 사람이 사랑하지 않을 수 없는 형제자매로 보이겠지요. 저에게 사랑하는 가슴보다 먼저 당신의 밝은 눈을 주십시오. 사랑이 가슴에서 나오는 것이 아니라 눈에서 비롯되는 것임을 이제 알겠습니다.

낮과 밤의 조화 調和

예수께서는 낮에는 성전에서 가르치시고
저녁이 되면 올리브산에 올라가셔서 밤을 지내셨다.
그리고 사람들은 모두 이른 아침부터
예수의 말씀을 들으려고 성전에 모여들었다.

루가복음 21:37~38

주경야독(晝耕夜讀)이라 했다. 낮에는 밭 갈고 밤에는 책을 읽는다. 그렇게 하여, 몸과 마음의 양식을 고루 섭취한다.

예수께서 세상에 오신 것은 사람들을 가르치기 위해서였다. 올리브산에서 밤을 보내기 위해서 오신 것은 아니었다.

그러나 낮에 성전에서 사람들을 가르치시기 위해서는 간밤을 산에서 하느님 아버지와 두 분이 함께 지내셔야 했다.

낮의 활동은 밤의 휴식을 부르고, 밤의 휴식은 낮의 활동을 낳는다.

낮과 밤의 조화(調和), 그 속에 그분의 삶이 있었다.

주님, 그 동안 게을리 했던 밤 기도를 다시 시작하겠습니다. 낮에 제대로 움직이려면 밤을 제대로 보내야 한다는 사실을, 이쪽이 저쪽의 뿌리임을, 잊지 않도록 노력하겠습니다. 주님, 낮에 저를 지켜 주시고 밤에 저를 만나 주십시오. 아니, 낮에 저를 지켜 주시고 밤에 저를 만나 주시는 당신을 망각하지 않도록 도와주십시오.

오늘 하루만이라도

나는 내 마음대로 말하지 않고
나를 보내신 아버지께서 무엇을 어떻게 말하라고
친히 명령하시는 대로 말하였다.

요한복음 12:49

스승께서 하신 말씀이다. 하물며 그 제자들이야?!

그런데도 이 못난 제자는 만사에 제 생각을 앞세우고, 제 생각대로 되지 않는다 하여 화를 내고, 자신과 남을 탓하기에 바쁘다. 하기는, 그러니까 아직 제자지만….

제자가 자기 맘대로 말을 하는데 그 말이, 자기를 이끄시는 스승께서 무엇을 어떻게 말하라고 친히 명령하신 대로 하는 말이라면, 그는 더 이상 제자가 아니다.

거기서부터 두 사람은 스승과 제자의 길이 아니라 벗과 벗의 길을 간다.

이 몸으로 사는 동안 거기까지 갈 수 있을까?

모를 일이요, 내 상관할 바도 아니다!

다만 오늘 하루, 내 생각을 고집하지 말고, 내 말에 스스로 갇혀 있지 말고, 귀를 내면으로 향하여, 중심에서 들려오는 스승의 말씀을 놓치지 않도록, 그리고 그 말씀에 오로지 순종하도록, 삼가 조심하며 살아볼 따름이다.

주님, 오늘 하루만이라도 제 생각을 앞세우지 않고 당신 말씀대로 살아보고 싶습니다. 하루가 너무 길면 한 나절도 좋습니다. 한 나절이 안 되면 한 시간도 좋습니다. 주님, 제가 마음은 원하는데 그게 참 이다지도 어렵군요. 하지만, 하는 데까지 해 보겠습니다. 그것 말고는, 제가 남은 세월에 달리 해 볼 만한 일이 따로 없으니까요. 저에게 이 한 가지 소망 남겨 두시고, 기타 등등 번잡한 소망들을 없애 주신 것에 대하여 감사드립니다.

법이 필요 없는 사람

'율법의 완성'은 법조문을 철저하게 지키는 사람이 아니라
법조문 자체가 필요 없는 사람에 의하여 이루어지는 것이다.

오늘 하루만이라도 제 생각이나 판단에 따라서 행동하지 말고
당신께 자주 여쭈면서 살게 도와주십시오.
언제 어디서나 주님이 제 곁에 계시다는 사실을 잊지 않도록,
저를 일깨워 주십시오.

무엇을 보느냐

배를 타고 바다로 나가
대양을 헤치며 장사하던 자들,
그들은 야훼께서 하신 일을 보았고
깊은 바다에서 그 기적들을 보았다.
시편 107:23~24

장사하러 다니면서 돈 버는 것으로 끝내지 않고 '야훼께서 하신 일'을 보았다니, 그만하면 훌륭히 성공한 인생이다.

그들이 만일 '야훼께서 하신 일'을 보는 것에서 끝나지 않고 나아가, '그 일을 이루신 야훼'를 만나 뵈었더라면, 훌륭히 성공한 인생이 아니라 더없이 성공한 인생이었겠다.

그렇다. 무엇을 하느냐도 중요하지만, 그 하는 일에서 무엇을 보느냐가 훨씬 더 중요하다.

주님, 저에게 주어진 일을 성실하게 하되, 일을 통해서 당신을 만나지 못한다면, 비록 그 일을 훌륭하게 성사시켰다 하여도, 그 모두가 아무것도 아님을 명심하게 도와주십시오. 동시에, 주님이 주신 일을 떠나서는 당신을 만나 뵐 다른 길이 없음도 잊지 않게 도와주십시오. 부디 제 눈과 귀를 열어 주시어, 보이는 모든 것에서 당신 모습을 뵙고 들리는 모든 소리에서 당신 음성을 듣게 해 주십시오.

보수 報酬

성전에서 일하는 사람들은 성전에서 나오는 것을 먹고 살며 제단을 맡아보는 사람들은 제단 제물을 나누어 가진다는 것을 모르십니까? 이와 같이 복음을 전하는 사람들도 그 일로 먹고 살 수 있도록 주님께서 제정해 주셨습니다. 그러나 나는 이런 권리를 조금도 써 본 일이 없습니다. 또 내 권리를 주장하고 싶어서 이런 말을 하는 것도 아닙니다. 그러느니 차라리 죽는 것이 낫겠습니다. 내가 보수를 받지 않고 일한다는 이 긍지만은 아무도 빼앗지 못할 것입니다. 내가 복음을 전한다 해서 그것이 나에게 자랑거리가 될 수는 없습니다. 그것은 내가 마땅히 해야 할 일이기 때문입니다. 만일 내가 복음을 전하지 않는다면 나에게 화가 미칠 것입니다. 만일 내가 내 자유로 이 일을 택해서 하고 있다면 응당 보수를 바랄 수 있을 것입니다. 그러나 사실은 내 자유로 택한 것이 아니라 하느님께서 그 일을 내 직무로 맡겨 주신 것입니다. 그러니 나에게 무슨 보수가 있겠습니까? 보수가 있다면 그것은 내가 복음을 전하는 사람으로서 응당 받을 수 있는 것을 요구하지 않고 복음을 거저 전할 수 있다는 사실입니다.

1고린토 9:13~18

아마도 바울로가 교회에서 주는 돈을 받아쓴다고, 또는 교회에 보수를 요구한다고, 비판하는 사람들이 있었던 모양이다. 아니면, 교회에 돈을 요구하는 사도들 부류에 그를 포함시켰든지….

그들에게 해명(?)을 하는데 이렇게 말이 길다. 과연 이 해명으로 오해(?)가 풀어졌을까?

"나는 삯군 목자가 아니다. 참 목자다." 이렇게 간단히 한 마디로 마치신 스승에 견주면, 역시 불초(不肖) 제자라 아니할 수 없다.

그러나 그것은 아무래도 상관없다. 말이야 짧든 길든, 먼저 보수를 받거나 보수를 약속받고 나서 일하지 않았다는 사실, 돈을 받기 위해서 복음을 전하지 않았다는 사실, 그것이 중요하다.

돈 또는 돈을 주겠다는 약속을 받고 나서 일하는 것과 일을 하고 나서 돈을 (주면) 받는 것은 크게 다르다. 아니, 전혀 다르다.

참과 거짓, 진짜와 가짜는 나란히 놓고 견주어 볼 상대가 아니다.

주님, 거저 받은 것 거저 주라고 하셨지요? 제 남은 인생이 바로 그 말씀을 실현하는 것이 되게 해 주십시오. 무엇을 하든 말든, 오직 주님이 주신 일이니 할 뿐이요 주님이 하지 말라고 하시는 일이니 하지 않을 따름인, 그런 인생이 되게 해 주십시오. 제가 무엇을 더 바라겠습니까?

법이 필요 없는 사람

너희 이웃집 포도원에 들어가서
먹을 만큼 실컷 먹는 것은 괜찮지만
그릇에 담아가면 안 된다.
신명기 23:25

친절한 법 규정이다. '사람의 길'은 이런 법 규정을 잘 지키는 데서 끝나지 않는다. 이런 법 규정이 필요 없고 소용도 없는 사람으로 거듭나는 데, 거기에 사람의 길이 있다.

이웃집 포도원에 들어가서 "먹을 만큼 실컷 먹는" 대신, 조금 맛만 보거나 주인이 따서 주는 것만 먹고 그것으로 충분히 고마워하는 사람에게 이 법 규정은 무용지물이다.

예수는 율법을 없애러가 아니라 완성하러 세상에 왔노라고 하셨거니와, '율법의 완성'은 법조문을 철저하게 지키는 사람이 아니라 법조문 자체가 필요 없는 사람에 의하여 이루어지는 것이다.

주님, 저로 하여금 당신의 법을 잘 지키는 데서 걸음을 멈추지 말고 당신의 법이 필요 없는 자리까지 나아가도록, 저를 이끌어 주십시오. 하지만 그것은 어디까지나 앞으로 그렇게 되기를 바라는 희망사항이고, 지금은 당신의 법을 따라서 살아가는 것조차 제대로 되지 않는 형편입니다. 그러니, 당장 오늘 하루만이라도 제 생각이나 판단에 따라서 행동하지 말고 당신께 자주 여쭈면서 살게 도와주십시오. 언제 어디서나 주님이 제 곁에 계시다는 사실을 잊지 않도록, 저를 일깨워 주십시오.

빌닷의 잘못

수아 사람 빌닷이 말을 받았다.
언제까지 그런 투로 말하려는가?
자네 입에서 나오는 말은 마치 바람 같네 그려.
하느님께서 바른 것을 틀렸다고 하시겠는가?
전능하신 분께서 옳은 것을 글렀다고 하시겠는가?
자네 아들들이 그에게 죄를 지었으므로
그가 그 죗값을 물으신 것이 분명하네.
그러니 이제라도 자네는 하느님을 찾고
전능하신 분께 은총을 빌게나.
자네만 흠이 없고 진실하다면
이제라도 하느님께서는 일어나시어
자네가 떳떳하게 살 곳을 돌려주실 것일세.
처음에는 보잘것 없겠지만
나중에는 훌륭하게 될 것일세.

욥기 8:1~7

하느님께서 옳은 것을 글렀다고 하시는지 안 하시는지, 또 그
옳은 것이 정말 옳은 것이고 그른 것이 정말 그른 것인지, 그걸

누가 어떻게 안단 말인가?

　이 모든 말들이 빌닷의 '생각'일 뿐이다. 그 생각의 옳고 그름은 본인도 모르고 다른 사람은 더욱 모른다. 그저, 자기 생각이 옳다고 스스로 생각하거나, 그의 생각이 옳다고 (또는 그르다고) 남들이 생각할 따름이다.

　빌닷의 사리(事理) 반듯한 권고가 욥에게 도움은 관두고 오히려 자기를 헐뜯으며 구박하는(19, 22) 아픈 말로 들렸다는 사실! 그것은 누구의 지어낸 '생각'이 아니었다.

　아프지 않은 자가 아픈 사람에게 바른 '말'로 충고 또는 권면을 한다는 게, 비록 선의(善意)에서 그런다지만, 그게 문제다.

　입을 다물어야 할 때에는, 그 입에서 나올 말이 아무리 착하다 해도, 입을 여는 게 아니다.

　아픈 사람 앞에서 아프지 않은 사람은 입이 열 개나 있어도 할 말이 없는 법이다.

　빌닷이 입을 열어 바른 말로 권면하는 대신, 그냥 눈물만 짓고 말없이 바라만 보았다면 욥은 커다란 위로를 받았을 것이다. 적어도, 어째서 나를 헐뜯으며 구박하느냐고 원망하지는 않았을 것이다.

주님, 너무나 오랫동안 빌닷의 잘못을 저질러 왔습니다. 용서해 주십시오. 다시는 같은 잘못을 저지르지 않도록, 저를 지켜 주십시오.

성숙하지 못한
상태에서는

슬롭핫의 딸들은 야훼께서 모세에게 명령하신 대로 하였다.

민수기 36:10

잘했다. 직접 야훼의 명령을 들을 만큼 성숙하지 못한 상태에서는 야훼의 명령을 전하는 사람을 통해서 간접으로 야훼의 명령을 받아 복종하는 길이 있다.

슬롭핫의 딸들이 그랬다. 그래서, 모세가 시키는 대로, 마음에 드는 사람이면 누구하고나 결혼하되 자기 가문 지파의 사람들하고만 했다.

슬롭핫의 딸들에게 모세가 있었듯이 그리스도인에게는 예수를 비롯하여 수많은 성인들이 있다.

하느님 아버지의 명(命)에 불복할 어떤 구실도 명분도 있을 수 없다.

주님, 하느님의 말씀은 말하는 사람한테 있는 게 아니라 듣는 사람한테 있는 것 아닌가요? 같은 당신의 말씀을 어떤 이들은 말도 안 되는 헛소리로 들었고, 어떤 이들은 하느님 나라 복음으로 들었으니까요. 그러니 주님, 저에게 들리는 모든 소리를 당신의 명령으로 알아듣는 귀를 열어 주십시오. 나아가, 그 명령에 복종할 용기와 믿음도 저에게 주시기 바랍니다. 무엇을 하더라도 제 맘대로 하는 옛날 버릇에서 벗어날 수 있었으면 참 좋겠습니다.

절망이 곧 희망

때로는 주께서 강물들을 사막으로 바꾸시고
샘구멍을 막아 마른 땅이 되게 하시고
기름진 땅을 소금밭으로 만드셨으니
그 땅에 사는 자들이 악한 탓이다.

시편 107:33~34

사람들이 악해서 강물이 마르고 샘구멍이 막힌다.

강물이 말라서 사람들이 악해지는 게 아니다.

이 말은, 사람이 착해지면 강물도 흐르고 샘도 솟아난다는 말이다.

절망 속에 희망이 있다. 아니, 절망이 희망이다.

같은 상황인데 누구는 절망하고 누구는 희망합니다. 절망과 희망이 상황에 있지 않고 사람한테 있기 때문이겠지요. 언제 어떤 상황에서라도, 하느님을 믿는 자라면, 악하게 처신할 권리는 없고 착하게 살 의무만 있음을, 따라서 절망할 권리는 없고 희망할 의무만 있음을, 머리 아닌 몸으로 고백할 수 있도록 저를 도와주십시오. 주님께는 죽음의 밤이 곧 부활의 새벽이었음을 잊지 않도록 저를 일깨워 주십시오. 그리하여 저로 하여금, 이 한 세상 사는 동안, 주님의 뒤를 좇아, 흐르던 강물을 마르게 하는 사람이 아니라 마른 강물을 다시 흐르게 하는 그런 사람이 되게 하여 주십시오.

피갈회옥 被葛懷玉

요한은 낙타 털 옷을 입고
허리에 가죽띠를 두르고
메뚜기와 들꿀을 먹으며 살았다.
마태오복음 3:4

　이런 기록이 남아 있는 것을 미루어, 세례자 요한의 옷차림과 식생활이 당시 사람들 눈에 유별난 것으로 보였음을 알 수 있다. 만일 그의 옷차림과 먹는 음식이 일반 사람들과 별로 다를 바 없었다면, 우리는 성경에서, 베드로나 안드레아의 옷차림에 대한 언급을 읽을 수 없듯이, 세례자 요한의 옷차림에 대한 언급도 읽을 수 없을 것이다.

　이것 하나만 보아도 왜 요한이 예수를 가리켜, "내가 그분의 신발 끈을 풀어드릴 자격조차" 없을 만큼 "나보다 훌륭하신 분"

이라고 말해야 했는지, 그 까닭을 짐작하겠다.

예수, 그분은 겉모습 따위로 당신을 사람들한테서 구별 짓지 않으셨다.

성경 어디에서도 그분의 옷차림이나 특이한 식생활에 대한 언급을 읽을 수 없음이 그 증거다.

성인은 피갈회옥(被葛懷玉)이라, 평범한 옷차림 속에 빛나는 구슬을 품는다고 하였다.

예, 주님, 그건 그렇습니다만, 저는 아직 요한한테서도 한참 거리가 먼 놈입니다. 그러니 제가 무엇이라고 드릴 말씀이 없군요. 하지만, 유별난 몸차림이나 행동으로 사람들 사이에서 저를 드러내려는 치기어린 짓만큼은 피하게 도와주십시오. 공자님도 제자들에게 유별나게 굴지 말라고 하셨다지요? 진심으로 동감입니다.

처음 마음

에페소 교회 천사에게 이 글을 써서 보내어라. 오른손에 일곱
별을 쥐시고 일곱 황금등경 사이를 거니시는 분이 말씀하신다.
"나는 네가 한 일과 네 수고와 인내를 잘 알고 있다. 또 네가 악
한 자들을 용납할 수 없었으며 사도가 아니면서 사도를 사칭하
는 자들을 시험하여 그들의 허위를 가려낸 일도 잘 알고 있다.
너는 잘 참고 내 이름을 위해서 견디어냈으며 낙심하는 일이 없
었다. 그러나 너에게 나무랄 것이 한 가지 있다. 그것은 네가 처
음에 지녔던 사랑을 버린 것이다. 그러므로 네가 어디에서 빗나
갔는지를 생각하여 뉘우치고, 처음에 하던 일들을 다시 하여
라. 만일 그렇지 않고 뉘우치지 않으면 내가 가서 너의 등경을
그 자리에서 치워버리겠다."

요한묵시록 2:1~5

　에페소 교회는 칭찬받을 만한 일을 많이 했다. 그건 사실이
다. 그러나 그러느라고, 처음 시작할 때의 순수한 마음, 사랑하

는 마음을 잃어버렸다면 천하를 얻고 자신을 잃은 것과 다를 바 없다.

서둘러 처음에 품었던 순수한 마음, 사랑에서 우러난 그 마음을 찾아야 한다. 그러지 않으면, 그 동안 이루어놓은 모든 업적이 순식간에 무덤으로 바뀔 것이다.

영화(榮華)를 알면서 욕(辱)됨을 지키면 세상의 골짜기가 되어 한결같은 덕(德)이 넉넉하다고 했다(老子, 28장). 사업이 번창하는 가운데 있으면서 처음 시작할 때의 가난한 마음을 지키면 그에게서 한결같은 덕[常德]이 떠나지를 않는다.

그러나 그게 결코 쉬운 일이 아니다. 일을 하면서, 짬짬이 눈을 돌려, 일을 하고 있는 자기를 성찰하지 않으면, 아차 하는 순간에 잃어버릴 수 있는 것이 처음 마음이다.

그러기에, 마침을 처음처럼 신중하게 하면 일을 망치지 않는다[愼終如始則無敗事]고 했다.(老子, 64장)

주님, 제가 숨지는 순간까지, 저를 처음 만나 주셨던 자리, 그 가난하고 비참했던 자리를 잊지 말게 하시고, 거기서 드렸던 저의 소박한 약속을 기억하면서 살게 해 주십시오. 마지막 숨을 거두는 순간까지, 저로 하여금 방심하지 말고, 처음 당신이 제 이름 불러주셨을 때 제가 지녔던 그 무능(無能)과 무력(無力)을 유지하도록, 저를 축복하여 주십시오.

천금 같은 오늘

야훼께서 모세와 아론에게 말씀하셨다. "너희는 내가 너희에게
준 가나안 땅에 들어가 그 땅을 차지하게 되었을 때, 내가 내린
문둥병이 너희가 차지한 어떤 집에 생기거든 그 집 임자는 사제
에게 가서 '문둥병 같은 것이 집에 보입니다.' 하고 알려야 한다."

레위기 14:33~35

그냥 문둥병이 아니다. "내가 내린 문둥병"이다.

야훼께서는 어찌하여 이스라엘을 가나안으로 데려다 놓으시
고 그들에게 문둥병을 내리시는가?

모세와 아론은 야훼께 "왜 이들에게 문둥병을 내리십니까?"
하고 질문하도록 허락받지 않았다.

그들에게 주어진 것은, 서둘러 집을 폐쇄한 다음, 요즘 말로
역학검사(疫學檢査)를 하여 전염병으로 판명될 경우 어떻게 대처

할 것인지에 대한 상세한 지시였다.

우선 할 일은 야훼께서 내리신 병에 대처하는 것이다. 왜 이런 병을 내리시는지에 대한 의문은 사태가 진정된 다음에 다루어도 늦지 않다.

왜 나에게 이런 일이 닥치는가? 내가 무엇을 어쨌기에 이런 일이 닥치는 것인가?

이런 질문은, 지금 내게 닥친 일을 어떻게 수습할 것인지 그 방법을 찾아서 할 수 있는 일을 하는 것보다 시급하지 않다. 화재 원인을 규명하는 일은 어디까지나 화재를 진압한 다음에 할 일이다.

화재 현장에서 화재 원인을 밝히느라고 불 끄는 일을 뒤로 미루거나 아예 불을 끄려고 하지 않는다면, 그런 어리석음이 없겠다.

그런데도 나는 과거에 대한 후회나 지난 일로 인한 고통에 사로잡혀 천금같이 소중한 '오늘'을 허비하고 있으니, 일상생활을 온통 그런 어리석음으로 채우고 있는 셈이다.

주님, 몇 년 전 일이나 몇 달 전 일만 지난 일이 아닙니다. 바로 십 분 전 일도 지난 일입니다. 저에게 '지금 이 순간'을 살아가는 지혜와 용기를 주시어, 어미 가슴에 안긴 젖먹이처럼 이 세상을 살게 해 주십시오. 하지만, 저에게 일어나는 모든 일에 담아 놓으신 당신의 '메시지'를 놓치지 않도록, 일을 수습하는 데만 매달리지 않게 저를 도와주십시오.

겸손하고 작은 사람

사제가 진단해 보고
성난 살이 생겼으면
그를 부정한 자라고 선언해야 한다.
그 살이 성난 것은 악성 피부병이므로
그는 부정하다.
레위기 13:15

사제들이 의원 일을 겸한 시절이 있었다.

요즘에는 목사나 신부가 피부병을 관찰하여 격리 치료 여부
를 결정하는 일이 없다.

그냥 없는 게 아니라 그래서는 안 된다. 그런 일은 의사들, 그
것도 피부과 의사들 몫이다.

인류 역사는 한 사람이 맡아서 하던 일을 여럿이 나누어서 하

는 쪽으로 흘러왔다.

　나무가 자라면서 굵은 가지와 가는 가지로 갈라지듯이, 인간들이 하는 일도 끊임없이 세분되었다.

　어디까지 갈라질까? 모를 일이다.

주님, 무서운 속도로 세상이 달라지고 있습니다. 사람들이 하는 일도 빠른 속도로 다양해지고 있습니다. 제가 이것도 잘하고 저것도 잘하는 사람이라는 평가를 받으려고 쓸데없이 노력하지 말게 하시고, 그냥 저에게 주어진 작은 몫이나 제대로 감당하여 전체적으로 세상이 돌아가는 데 지장을 주지 않도록, 겸손하고 작은 사람이 되게 하여 주십시오.

하늘이 하는 일

그날부터 예루살렘 교회는 심한 박해를 받기 시작하였다.
그래서 모든 신도들은
유다와 사마리아 여러 지방으로 뿔뿔이 흩어지고
사도들만 남게 되었다.
경건한 사람 몇이 스데파노를 장사 지내고
크게 통곡하여 그의 죽음을 슬퍼하였다.
한편 사울은 교회를 쓸어버리려고 집집마다 돌아다니며
남녀를 가리지 않고 끌어내어 모두 감옥에 처넣었다.
흩어져간 신도들은 두루 돌아다니며 하느님의 말씀을 전하였다.

사도행전 8:1~4

"그날부터"의 '그날'은 의회가 스데파노를 처형한 날이다. 그
날부터 예루살렘 교회는 본격적인 박해를 받게 된다. 그 일에
앞장선 사람이 열혈 바리사이 사울이었다. 집집마다 뒤져서 그

리스도인으로 의심되는 자는 남녀 불문 잡아다가 옥에 가두었다.

뭉치면 죽고 흩어지면 산다? 그랬다. 초대교회는 흩어져서 살아남았다.

살아남는 정도가 아니라 오히려 더욱 커졌다.

사울은, 겉모양만 봐서는 교회를 쓸어버리는 데 공이 컸지만, 실상은 교회가 예루살렘 밖으로 확장하면서 내실(內實)을 다지는 데 가장 크게 협조한 사람이었다.

이래서, 하늘이 하는 일은 묘(妙)한 바가 있다.

그 사람 관 뚜껑에 못을 박기 전에는 그가 어떤 사람이라고 단정 짓지 말라는 말이 있습니다. 과연 그렇습니다. 주님, 그것은 저에 대해서도 마찬가지겠지요. 그러니 마지막 숨을 거두는 순간까지 방심하지 말고, 오직 당신이 가르치신 대로 살아가는 데 전력을 기울이도록 저를 도와주십시오. 저에게서, 아무것도 모르며 함부로 남을 판단하는 못된 버릇을 깨끗이 청소해 주십시오. 이제부터 할 수 있는 대로 묵묵히 저에게 주어진 길만 걸어보겠습니다.

텅 비움

과월절을 하루 앞두고
예수께서는 이제 이 세상을 떠나
아버지께로 가실 때가 된 것을 아시고
이 세상에서 사랑하시던 제자들을
더욱 극진히 사랑해 주셨다.

요한복음 13:1

촛불은 꺼지기 직전에 더욱 밝게 빛난다.

사람 생명도 마찬가지다.

죽을 때가 되면 평소에 하던 일을 더욱 극진히 하다가 숨을
거둔다.

자기 욕심에 이끌려 살아온 사람은 사나운 욕심덩어리가 되
고,

자기를 내어주면서 살아온 사람은 허공처럼 텅 비워진다.

예수께서 당신 죽음을 앞두고 제자들을 더욱 극진히 사랑하신 것은,

그러려고 해서 그런 것이 아니라 그럴 수밖에 없어서 그러신 것이었다.

주님, 저도 언젠가 죽기는 하겠지만, 그날에 어떻게 죽을까를 염려하는 대신 오늘 저에게 주어진 일을 어떻게 주님 가르치신 대로 할 것인지, 그것을 생각하며 살게 해 주십시오. 그래서 막상 죽음을 앞두게 되었을 때 평소보다 더욱 극진히 하게 될 그 일이 부끄럽거나 값없는 일이 아니었으면 좋겠습니다. 당신처럼 죽음 앞에서 온몸을 사랑으로 불태울 수 있기 위하여, 오늘 하루를 사랑으로 살아가게 도와주십시오.

빌라도의 후예,
예수의 후예

빌라도는 그 이상 더 말해 보아야
아무런 소용이 없다는 것을 알았을 뿐만 아니라
오히려 폭동이 일어나려는 기세가 보였으므로
물을 가져다가 군중 앞에서 손을 씻으며
"너희가 맡아서 처리하여라.
나는 이 사람의 피에 대해서는 책임이 없다." 하고 말하였다.
마태오복음 27:24

　책임이라는 것이, 물로 손을 씻고 "나는 책임이 없다."고 말한다고 해서 없어지는 그런 것인가? 그렇지 않다. 오히려 빌라도는 죄 없는 사람을 폭도에게 넘겨준 데 대한 책임에다가, 결과를 계산하여 내면의 양심을 외면하고 "손을 씻은" 데 대한 책임까지 져야 한다.

일을 할 때, 그 일이 어떤 결과를 빚을 것인지 미리 예측하여, 해 봤자 별무소용(別無所用)이라는 결론이 내려지면 망설임 없이 손을 씻는 빌라도의 후예들이 지금도 세계 도처에, 그것도 높은 자리에, 앉아 있다.

덕분에, 결과는 하늘에 맡기고 오직 자기에게 주어진 천명(天命)을 좇을 따름인 예수의 후예들이 오늘도 세계 도처에서 십자가의 길을 가고 있다.

주님, 저의 모든 일이 당신의 명에 대한 복종이 되게 하시고, 일을 하는 동안에는 일의 결과에 대한 계산으로 미혹되지 않게 하소서.

화해코자 하거든

야훼께서 시나이 산에서 모세를 시켜,
당신과 이스라엘 백성 사이에 세워 주신
여러 가지 규정과 관례와 법령은 위와 같다.
레위기 26:46

야훼께서는 하늘의 숱한 천군 천사를 젖혀 두시고 이스라엘 백성 가운데 한 사람 모세를 뽑아 당신과 이스라엘 백성 사이를 잇는 통로로 삼으셨다.

당신과 사람들 사이에 화해를 이루고자 천군천사를 파견하는 대신 '사람의 아들' 예수를 세우신 것과 같다.

그렇다. 하늘과 땅이 서로 합하여 단이슬을 내린다[天地相合而 降甘露]고 하였거니와, 단이슬에 젖는 것은 하늘이 아니라 땅이다.

누구와 화해코자 하거든, 상대 쪽에서가 아니라 내 쪽에서 화해의 가교(架橋)를 놓을 일이다.

주님, 다툼과 분열이 어지러운 세상입니다. 동의할 수 없고 동의하고 싶지 않은 세상이에요. 그러나 제 힘으로는 어찌할 수 없는 세상이기도 합니다. 그러니 아무쪼록 누구하고 다투거나 갈라서는 일을 제 쪽에서만은 주도하지 않게 도와주십시오. 혹시 누구와 다투었더라도, 상대를 저에게 화해시키려 하는 대신, 저를 상대에게 화해시키려고 노력하는 사람이 되고 싶습니다. 제가 원하고 주님이 원하시면 안 될 이유가 없으니, 저로 하여금 당신이 보여 주신 '평화의 가교'로 이 세상을 살아가게 하여 주십시오.

사람의 생각일 뿐

그렇다고
하느님이 공정하지 못하다고 말할 수 있겠습니까?
절대로 그럴 수 없습니다.
로마서 9:14

정말로, 그렇게 말할 수 없는 걸까? 아니다. 얼마든지 그렇게 말할 수 있다.

실제로, 하느님께 불평하는 사람들, 많이 있다.

"절대로 그럴 수 없다"는 것은 어디까지나 바울로의 생각일 뿐이다.

다만, 하느님에 관하여 사람이 어떻게 생각하고 말하든, 그것은 그 사람의 생각이요 말이지, 사실이 그렇다고 또는 그렇지 않다고 입증할 무슨 방법이 없음을 피차 인정할 필요가 있다.

그래야만, 하느님에 대한 자기 생각으로 하느님의 자녀를 무찌르거나 구속하는 잘못을 피할 수 있다.

제 생각이 아무리 옳고 바르더라도 그것은 어디까지나 저의 생각일 뿐임을 유념하게 도와주십시오. 그래서 제 생각대로 말하고 움직이되, 그것을 남에게 강요하거나 저와 다르게 생각하는 이들을 핍박하는 잘못만큼은 저지르지 않게 해 주십시오.

속모습 그대로

내가 그리스도를 본받는 것처럼
여러분도 나를 본받으십시오.

1고린토 11:1

본받는다는 것은, 보이는 겉모습에 머물지 않고, 그것을 그렇게 있도록 한 보이지 않는 속모습을 그대로 닮는다는 말이다.

바울로가 본 예수의 속모습은 아버지 뜻을 이루는 데 목숨을 바치는 아들이었을까?

자기에게 주어진 하늘의 명(命)을 알고 그것을 지키는 데 목숨을 내놓는 지사(志士)였을까?

가장 낮은 곳으로 내려가 마침내 위없이 높은 자리에 오른 왕자였을까?

아무튼 바울로는 예수의 겉모습에 관심하지 않았다.

그랬기에 부끄러울 것 없이 당당하게 "나는 그리스도를 본받았다."고 말할 수 있었다.

바로 그 모습, 자기가 스승으로 모시게 된 분의 속사람을 닮고자 생의 모든 것을 담보로 내어놓는, 그 모습을 아무쪼록 본받을 일이다.

주님, 제 눈을 열어 주시어 당신의 속모습을 바로 보게 하시고, 그대로 닮고자 애쓰는 인생이 되게 하소서. 그것 말고는 바라는 게 없는, 마음의 가난뱅이가 되게 하소서.

욕심과 짝짓는 대신

욕심이 잉태하면 죄를 낳고
죄가 자라면 죽음을 가져옵니다.
야고보서 1:15

잉태는 혼자서 못한다. 짝이 있어야 할 수 있는 게 잉태다. 욕심 혼자서는 아무것도 잉태하지 못한다.

욕심이 욕심내는 자와 짝짓기를 하면 둘 사이에 죄가 잉태된다.

욕심과 짝짓지 말라. 사람은 유한한데 욕심은 무한하니 사람이 욕심한테 잡아먹힐 것은 뻔하지 않은가?

사람이 자기 욕심을 뜻대로 부리지 못하고 그것에 이리저리 끌려 다니면 그 사람한테서 생겨나는 것은 죄밖에 없다.

모든 범죄의 바닥에는, 자기 욕심을 다스리지 못하고 오히려 그것에 끌려 다닌 사람의 어리석음이 있다.

마찬가지 이치로, 어쩌다가 욕심에 부림당해 죄를 지었더라도, 곧 그것을 뉘우쳐 회개하면 죄는 더 자라지 못하고, 따라서 죄에 짓눌려 죽는 일은 면할 것이다.

주님, 사람이 살면서 욕심을 완전히 비운다는 게 저 같은 보통사람으로서는 거의 불가능한 일이 아닐 수 없습니다. 그러니 욕심을 버리려고 애쓰기보다 제 욕심에 질질 끌려다니는 일만이라도 없기를 바랄 따름입니다. 부디 도와주십시오. 욕심과 짝짓는 대신 당신과 짝짓게 저를 붙잡아 주시고 이끌어 주십시오. 주님, 제가 무슨 짓을 어떻게 하든 저는 당신의 것입니다. 당신이 저를 버리지 않으셨거늘 제가 어디로 가겠습니까? 그러기에 제가 당신께 드릴 말씀은, "죄송합니다." 그리고 "고맙습니다." 이 두 마디밖에 아무 드릴 말씀이 없습니다.

명명백백한 삶

그리고 너는 이스라엘 백성에게 명령하여,
올리브를 찧어서 짜낸 기름을 가져다가
그 기름으로 등잔불을 켜서 꺼지는 일이 없도록 하여라.
아론과 그 후손들은 그 등불을 만남의 장막 안
증거궤 앞의 휘장 밖에 켜 두고,
저녁부터 아침까지 야훼 앞에서 꺼지지 않도록 보살펴야 한다.
이것은 이스라엘 백성이 대대로 지켜야 할 영원한 규정이다.

출애굽기 27:20~21

빛이신 야훼 앞을 등불로 밝힌다? 태양을 횃불로 밝히겠다는
것과 다를 바 없다.

그래서 더 밝아질 태양이 아니지만, 지금은 온 땅이 제 그림
자로 말미암아 어두운 밤인지라, 태양 빛이 와서 닿지를 못하
니, "저녁부터 아침까지" 등불이 꺼지지 않도록 보살펴야 한다.

알겠다. 내가 세상에 태어나던 날 시작된 나의 '저녁'은 내가 세상을 떠나는 날에 '아침'으로 바뀔 것이다. 이 세상에 머무는 동안, 나는 내 속 심장에 깨끗한 기름으로 등불을 밝혀야 한다.

어둠 속 등불이 저를 감출 수 없듯이, 내 모든 것을 드러내어 명명백백으로 살아야겠다.

주님, 저에게 드러내어 자랑할 만한 것이 별로 없듯이, 세상을 향해 굳이 감추어야 할 것도 없게 해 주십시오. 자신에게나 남에게나 속이고 감출 것이 없는 명백한 삶을 살고 싶습니다. 제 가슴에 등불을 밝히되 그것이 세상을 밝게 하기 위해서가 아니라 저 자신을 밝히기 위해서임을 잊지 않도록 도와주십시오. 주님, 처음부터 그랬겠지만 앞으로도, 제 목숨이 붙어 있는 동안 제 속에 타오르는 등불이 있다면 그것은 곧 빛이신 당신이심을 잊지 않게 도와주십시오.

야훼의 구름

그들은 야훼의 산을 떠나 사흘 길을 갔다.
야훼의 계약궤를 앞세우고
사흘 길을 가면서 진을 칠 곳을 찾았다.
낮이 되어 진지를 떠나면
야훼의 구름이 그들 위를 덮어 주었다.
민수기 19:33~34

사흘 길을 가는 동안 몇 번이나 진을 쳤는지, 그건 모른다. 진을 친 숫자만큼 진을 떠났을 것이다.

횟수는 중요하지 않다. 길을 가는 동안 야훼의 계약궤를 앞세웠다는 사실이 중요하다. 그리고 그들이 길을 가는 동안 야훼의 구름이 그들 위를 덮어 주었다는 사실이 중요하다.

어디를 가든지 야훼의 법을 앞세우면 야훼의 구름이 당신을

덮어 줄 것이다. 어디를 가든지 힘의 논리를 앞세우면 주먹이
당신을 덮어 주듯이….

어차피 출발한 인생, 가지 않을 수 없는 여정이라면, 주님과 함께 사랑의
법을 앞세우고 가도록 도와주십시오. 마음은 원하는데 그게 맘대로 되지
않아 낙심될 때가 참 많습니다. 그래도 좌절하지 말고 다시 일어나 사랑의
깃발 높이 들고 앞서가시는 당신을 따라갈 수 있도록 용기와 믿음을 주십
시오.

괜한 걱정

내 기력 도중에서 다하였으니
나의 세월, 이제는 거두시는가?
아뢰옵니다.
"나의 하느님이여
이 몸을 중도에서 데려가지 마소서.
해가 바뀌고 또 바뀌고 세대가 돌고 또 돌아도
하느님은 영원히 계시옵니다."

시편 102:23~24

시인은 괜한 걱정을 하고 있다. 하느님은 어느 생명도 중도에 데려가지 않으신다. 죽는 자는 죽을 때가 되었기에, 그러니까, 살 만큼 살았기에, 죽는 것이다.

시인은 괜한 걱정을 하고 있다. 모든 생명이, 누구 하나 예외없이, 중도에 돌아간다. 생명에는 종점이 없기 때문이다.

해가 바뀌고 세대가 돌아도 영원히 계시는 하느님, 그분이 바뀌는 해와 돌아가는 세대 속에서 무수한 얼굴로 명멸(明滅)하신다.

그러니 시인은 괜한 걱정을 해도 괜찮다.

주님, 제 눈을 열어 주시어, 보이는 모든 얼굴들에서 당신을 뵙게 해 주십시오. 그러나 제 원대로 마시고 아버지께서 저를 위해 세우신 뜻과 섭리를 이루소서. 이대로, 아무것도 이루지 못하고 죽어도 상관하지 않겠습니다. 모자라게 보이는 저를 미워하지 말고 사랑할 수 있도록 도와주십시오. 걱정이 되는데 안 되는 것처럼 보이려고 애쓰지 말고, 걱정하는 제 모습을 있는 그대로 사랑하게 해 주십시오. 저는 아닙니다. 모두가 당신입니다.

믿음은
믿어지는 것

그들 중에는 열두 해 동안이나 하혈병을 앓고 있는 여자가 있었다. 그 여자는 여러 의사에게 보이느라고 가산마저 탕진하였지만 아무도 그 병을 고쳐 주지 못하였다. 그 여자가 뒤로 와서 예수의 옷자락에 손을 대었다. 그러자 그 순간에 출혈이 그쳤다. 예수께서 "누가 내 옷에 손을 대었느냐?" 하고 물으셨으나 모두 모른다고 하였다. 베드로도 "선생님, 군중이 이렇게 선생님을 에워싸고 마구 밀어대고 있지 않습니까?" 하고 대답하였다. 그러나 예수께서는 "분명히 나에게서 기적의 힘이 뻗쳐나갔다. 누군가가 내 옷에 손을 댄 것이 틀림없다." 하고 말씀하셨다. 그 여자는 더 이상 숨길 수 없게 된 것을 알고 떨면서 앞으로 나아가 엎드리며 예수의 옷에 손을 댄 이유며 병이 낫게 된 경위를 모든 사람 앞에서 말하였다. 그러자 예수께서는 그 여자에게 "여인아, 네 믿음이 너를 낫게 하였다. 평안히 가거라." 하고 말씀하셨다.

루가복음 8:43~48

여자는 예수의 옷자락에 손만 대어도 자기 병이 나을 것이라고 생각했을까? 그랬을 것이다. 안 그랬다면 예수 옷자락을 만지지 않았을 것이고 설혹 만졌더라도, 다른 무수한 손들이 그랬듯이, 아무 일도 일으키지 않았을 것이다. 그런데,

정말 여자는 예수의 옷자락에 손만 대어도 자기 병이 나을 것이라고 스스로 그렇게 생각했을까? 그 '생각'이, 여자 스스로 만들어 낸 생각이었을까? 아닐 것이다. 여자는 그렇게 생각되었을 것이다. 왜 그런 생각이 드는지 본인도 어쩌면 몰랐을 것이다.

믿음이란 그런 것이다. 믿는 게 아니라 믿어지는 것이다. 믿음은, 믿겠다는 의지의 산물이 아니다. 인간의 의지 너머에서 난데없이 나타나 한 인간을 삼켜버리는 어떤 힘, 그것이 믿음이다.

그러기에, 믿음의 사람은 위대한 사람이 아니라 복된 사람이다.

하늘은 무엇 때문에 이 여자에게 병을 주고 또 약을 주었던가? 잊지 말자. 이 복된 여인의 몸에 일어난 기적 뒤에 열두 해 동안의 실의(失意)와 고통이 있었음을! 그리고 그 중심에, 세상의 치유자 예수가 있음을.

·

주님, 아직 세상이 끝나지 않았고 제 인생도 더 남아 있습니다. 그러니 저에게는 무슨 일로든 낙심 좌절할 이유도 근거도 없지요. 이 사실을 언제나 유념하며 살게 도와주십시오.

친절한 손길

예수께서 안식일에 어떤 회당에서 가르치고 계셨는데
마침 거기에 십팔 년 동안이나 병마에 사로잡혀
허리가 굽어져서 몸을 제대로 펴지 못하는 여자가 하나 있었다.
예수께서는 그 여자를 보시고 가까이 불러
"여인아, 네 병이 이미 너에게서 떨어졌다." 하시고
그 여자에게 손을 얹어 주셨다.
그러자 그 여자는 즉시 허리를 펴고 하느님을 찬미하였다.

루가복음 13:10~13

여자는 이미 자기 몸에서 떨어진 병을 그냥 안고 있었다. 이 말은 잘못 되었다. 이미 떨어져 자기한테 없는 것을 어떻게 안고 있단 말인가? 그런데도 여자는 여전히 허리가 굽어 몸을 펴지 못했다.

이 모순에 대한 해명은 한 가지가 있을 뿐이다. 여자는 자기가 병에서 해방된 것을 아직 모르고 있다. 자기의 실체에 대한 착각이 그로 하여금 허리를 펴지 못하게 막고 있는 것이다.

예수가 우리에게 준 기쁜 소식은 우리가 어찌어찌 하면 죄에서 해방될 것이라는 게 아니라, 이미 죄에서 조건 없이 해방되었으니, 아직도 죄에 갇혀 있다는 착각을 떨쳐버리라는 것이다.

그런데도 여자가 믿지 못하자 예수는 그 몸에 손을 얹어 주셨다.

우리에게도, 귀로 들은 좋은 소식을 믿게 해 줄 그분의 친절한 손길이 필요하다.

그분이 죽지 않으셨다면, 그분의 손길 또한 가까이 어디엔가 있을 것이다.

주님, 당신이 저와 함께 계심을 압니다. 그런데, 자주 잊기도 하고 의심이 들기도 합니다. 저로 하여금 좀 더 예민하게 깨어 있어서, 저를 어루만지는 당신의 손길을 느낄 수 있게 해 주십시오.

사람에게로

벗겨진 산 위를 쳐다보아라.
네가 놀아나느라고 몸을 더럽히지 않은 곳이 있느냐?
사막에 숨어 있는 아랍인들처럼
너는 한길 가에 앉아 정부들을 기다렸다.
네가 음란을 피우며 사악하게 구는 바람에
이 땅은 부정을 타서
소나기가 멎고
봄비도 내리지 않게 되었다.

예레미야 3:2~3

신토불이(身土不二). 몸과 땅이 하나인지라, 사람 몸이 병들면 땅도 병들고, 땅이 병들면 사람 몸도 병든다.

하지만 순서는 사람이 먼저다. 먼저 사람이 병들어서 땅이 병드는 것이지, 땅이 먼저 병들어서 사람이 병드는 것은 아니다.

사람 몸이 병들었다 함은 그 삶의 방식이 자연을 거슬렀다는 뜻이다.

　사람들이 자연을 거슬러 살아가니까, 일기(日氣)도 불순(不順)하지 않을 수 없다.

　그렇다. 썩은 것은 강물이 아니라 사람이다. 죽은 것은 새만금 갯벌이 아니다. 사람들 가슴이다.

　환경 운동은 '환경'에서 '사람'에게로 눈을 돌리지 않는 한, 결코 그 목적을 이루지 못할 것이다.

주님, 무엇이 잘못 되었다고 말할 때 그 주범이 저쪽 어디에 있다고 생각해 온 낡은 어리석음에서 저를 구해 주소서. 제가 그렇게 생각하는 한, 세상을 바로잡으려면 저쪽 어디를 바로잡아야 하는데, 사실 말이지 그것은 당신도 못한 일 아닌가요? 사람이라는 물건이 제가 저를 뜯어고치려고 맘먹고 애를 써도 잘 안 고쳐지는 고질덩어리인데, 하물며 무슨 수로 남을 바꾸어 놓을 수 있겠습니까? 더군다나 그쪽의 동의는 관두고 강한 반발을 받으면서 말입니다. 아까운 세월, 되지도 않거니와 된다 해도 결과만 더욱 고약해질 일에 그만 매달리고, 오직 하늘의 뜻을 좇아서 혼자만이라도 가야 할 길을 걷고자 애썼던, 그래서 그 결과 자기를 죽이면서 다른 모든 이를 위하여 살아야 했던, 당신의 '이상한 이기주의'를 배우게 하소서.

천사의 전언傳言

잠에서 깨어난 요셉은
주의 천사가 일러준 대로
마리아를 아내로 맞아들였다.

마태오복음 1:24

잠 속에서 주의 천사를 만나 하늘 메시지를 전해 들은 요셉은 잠에서 깨어나 마리아를 아내로 맞아들였다. 꿈에 마리아를 아내로 맞은 것이 아니다!

세상에 사는 동안 잠에서 깨어나 해야 할 일을 주의 천사로부터 지시받지 못한다면, 그리하여 깊은 잠에서 깨어나 지시받은 대로 움직이지 않는다면, 천수(天壽)를 누린들 그런 허무가 어디 있으랴?

이 몸이 죽기 전에 죽어야 한다.

그리하여, 어둡고 몽롱한 잠에서 깨어나 밝고 뚜렷한 현실을 살아야 한다.

아아, 이렇게 말하고 있는 나는 지금 꿈 안에 있는가? 꿈 밖에 있는가? 아니면 비몽사몽(非夢似夢)인가?

두어라. 내 알 바 아니다. 눈 뜨면 천사 아닌 존재가 없고, 귀 열면 천사의 전언(傳言) 아닌 소리가 없다 했거늘!

주님, 요셉에게 천사를 시켜 지시를 내리셨듯이 저에게도 천사를 시켜 지시를 내려주세요. 벌써부터 그렇게 하셨다고요? 다만 그것을 제가 알아듣지 못했다고요? 아이구, 죄송합니다. 그럼 이제부터는 천사를 알아보고 그의 말을 알아들을 수 있도록, 제 눈을 열고 귀를 뚫어 주십시오. 간절히 기다리며 진심으로 부탁드립니다.

더 갈 데 없는 생각

그러나 야훼께서
파라오로 하여금 억지를 부리게 하셨으므로
그는 그들의 말을 듣지 않았다.
야훼께서 말씀하신 대로였다.

출애굽기 9:12

하늘을 거역하는 사람도 하늘이 시켜서 그러는 것이라는 말이다.

더 갈 데 없는 엄청난 생각이다.

이런 생각으로 살아가는 사람을, 누가 무엇으로 괴롭힐 수 있을 것인가?

주님, 드릴 말씀이 없네요. 지금 제 형편에 맞는 '생각'을 저에게 주십시오. 그 생각으로 오늘 하루 살아보겠습니다. 모든 것이 당신의 작품입니다. 고맙습니다.

모세가
모세였던 비결

모세는 야훼께서 지시하신 대로 하였다.
회중이 만남의 장막 문간으로 모여오자
모세는 회중에게
"야훼께서 이렇게 하라고 분부하셨다." 하고 말하였다.
레위기 8:4~5

회중이 만남의 장막 문간으로 모여 온 것은 모세가 그러라고
시켰기 때문이다.

모세가 회중을 만남의 장막으로 오라고 한 것은 야훼께서 그
에게 "여기 만남의 장막 문간으로 온 회중을 모으라."고 시키셨
기 때문이다.

모세는 먼저 야훼께서 시키신 대로 했다. 그런 다음, "야훼께
서 이렇게 하라고 분부하셨다."고 말했다.

일을 계획하고 실천하는 주체가, 본인이 아니라 야훼이심을 분명히 밝힌 것이다.

모세는 이어 아론과 그 아들들을, 야훼의 지시에 따라, 회중 앞에서 성별(聖別)시켰다.

모세가 무엇을 했는지도 중요하지만, 그보다 훨씬 중요한 것은, 그 일을 자기가 알아서 하지 않고 야훼의 지시에 따라서 했다는 사실이다. 모세가 모세였던 비결이 바로 여기 있다.

누가 순수한 자의(自意)로 누구의 꼭두각시 되기를 소원하여 그리 되었다면, 그는 과연 꼭두각시인가? 아닌가?

주님, 당신은 스스로 당신의 뜻을 포기하심으로써 십자가를 지셨습니다. 결국, 당신의 뜻에 반하여, 당신의 뜻을 이루신 셈입니다. 이 절묘한 역설로 저 또한 살아갈 수 있도록 도와주십시오. 저에게 주신 자유로 저를 당신께 온전히 굴복시켜, 그 무엇에도 구속되지 않는 당신의 종으로 살기를 원합니다. 이는 당신을 향한 저의 소원일 뿐 아니라 저를 향하신 당신의 바람[望]이기도 함을 믿습니다.

재능을
잘 관리하는 방법

각자가 받은 은총의 선물이 무엇이든지,
그것을 가지고 서로 남을 위해서 봉사하십시오.
그리하여 하느님께서 주신 갖가지 은총을
잘 관리하는 사람이 되십시오.

1베드로 4:10

무슨 재능이 있거든 그것을 남 섬기는 데 쓰라는 말이다.
그것이 '재능'을 잘 관리하는 방법이다.
하느님이 내게 몸을 주실 때, 몸만 주신 것이 아니다.
몸과 함께 그것으로 서로를 섬길 방법과 사명까지 주셨다.
선물에는 그것을 주는 쪽의 기대와 희망이 들어있는 법이다.
오늘도 주님은 내게 건강한 몸과 하루를 주셨다.
이것으로 누구를 어떻게 섬길 것인가?
여기에 내 삶의 모든 것이 달려 있음을 잊지 말자.

세상에 섬김을 받으러 온 게 아니라 섬기러 왔노라 말씀하시고, 그 길을 몸소 보여 주신 주님. 저도 당신처럼 세상의 섬김을 받으려 하지 말고 사람들을 섬기며 살아야지, 마음은 그렇게 먹는데, 막상 누가 저를 무시하거나 깔보는 낌새만 보여도 속에서 화부터 치밀어 오르니, 이 노릇을 어찌해야 하는지 모르겠습니다. 주님, 아무래도 이것은 행위의 문제가 아니라 통찰의 문제 같습니다. 저에게도, 마더 테레사처럼, 비천해 보이는 사람들한테서 당신 모습을 알아볼 수 있게 맑은 눈을 주십시오. 그러면 일부러 애쓰지 않아도 남을 섬기는 자세가 제 몸에서 절로 나올 테니까요. 다른 일도 아니고 남을 섬기는 일인데, 속은 아니올시다면서 겉으로만 그러는 척 꾸민대서야, 그게 어디 말이 되겠습니까?

긴박한 초대

그 때에 군중이 "우리는 율법서에서 그리스도가 영원히 사시리라는 말을 들었습니다. 그런데 선생님은 사람의 아들이 높이 들려야 한다고 하시니 도대체 무슨 뜻입니까? 그 사람의 아들이란 누구를 가리키는 것입니까?" 하고 물었다. 예수께서는 이렇게 대답하셨다. "빛이 너희와 같이 있는 것도 잠시뿐이니 빛이 있는 동안에 걸어라. 그리하면 어둠이 너희를 덮치지 못할 것이다. 어둠 속을 걸어가는 사람은 자기가 어디로 가는지 모른다. 그러니 빛이 있는 동안에 빛을 믿고 빛의 자녀가 되어라."

요한복음 12:34~36

당신이 누구냐는 질문에, 내가 너희와 같이 있는 것도 잠시뿐이니 내가 있는 동안에 나를 믿어 내 자녀가 되라는 대답이다.

예수의 관심은 지금 당신 앞에 서 있는 사람들에게 오로지 쏠려 있다.

당신이 부활 승천한 뒤에 태어날 미래의 사람들이나 당신이 세상에 출현하시기 전에 살았던 과거의 사람들은 안중에 없다.

아직 내가 죽음에 넘겨지기 전, 그러니까 어제도 아니고 내일도 아닌 바로 오늘, 나를 믿고 내 자녀가 되라는 긴박한 초대다.

당신이 누구냐고, 빛이 무엇이냐고, 그 정체를 파악하는 데 쓸 시간이 없다.

이웃이 누구냐고, 누가 내 이웃이냐고, 한가롭게 이론을 펼쳐 머뭇거릴 때가 아니다.

빛이 있는 동안 한 걸음이라도 걸을 일이다.

역사적 예수를 만나기 위해 과거로 돌아가려는 '미션 임파서블'(mission impossible)에 쓸 지능과 시간이 있다면, 한 순간이라도 지금 여기에서 그분의 가르침대로 살아볼 일이다.

날이면 날마다 주어지는 그런 기회가 아니다, 우리네 인생이란!

주님, 신약성서에 새겨진 당신의 많은 발자취들을, 오늘 여기 계신 당신을 제가 만나는 일에 걸림돌이 아니라 디딤돌로 삼게 해 주십시오. 저에게 필요한 분은 옛날 어느 곳에 계셨던 당신이 아니라, 지금 제 곁에 계시는 당신이기 때문입니다. 성경을 믿으면서 성경에 갇히지 않도록 저를 도와주십시오.

어둠이 곧 빛이요

사제들이 성소에서 나올 때 구름이 야훼의 전에 가득 차 있었다. 사제들은 그 구름이 너무 짙었으므로 서서 일을 볼 수가 없었다. 야훼의 영광이 야훼의 전에 가득 차 있었기 때문이다.
열왕기상 8:10~11

영광(榮光)은 말 그대로 밝은 빛이다.

야훼의 영광이 가득 차 있는데, 서서 일을 볼 수가 없을 만큼 캄캄하다.

이는 분명한 역설이요 모순이다.

솔로몬이 지은 야훼의 성전만 그랬던 것이 아니다.

오늘 우리가 살고 있는 이 불의로 충만한 세상이 곧 야훼의 정의로 가득 찬 세상이요,

사람들의 증오와 분노로 가득 찬 세상이 곧 하느님의 사랑과

자비로 충만한 세상 아닌가?

빛이 어둠 속에 감추어져 있는 게 아니다. 어둠이 끝나고 나서 빛이 밝아오는 게 아니다.

어둠이 곧 빛이요, 빛이 곧 어둠이라는 이야기다.

과연 누가 이 모순의 통일을 견뎌낼 것인가?

빛이 어둠 속으로 들어왔으나 어둠이 저를 알아보지 못했다는, 복음서 기자의 증언을 들어 알고 있습니다. 그건 그랬을는지 모르나, 어둠이 없고서야 어찌 빛을 알아볼 수 있겠습니까? 이 세상이 왜 저토록 어둡고 슬퍼야 하는지를 조금 알게 해 주셔서 고맙습니다. 빛이신 당신을 우리에게 드러내시고자 어둠으로 세상을 가득 채우시는 주님, 우리로 하여금 저 어둡고 슬픈 현실을 피하려 하지 않게 도와주십시오. 우리가 어둠을 피하려고 할 때 결국 빛이신 당신을 알아보지 못하게 될 테니까요.

통째로 바치는 믿음

그러므로 여러분은 믿음으로 사는 사람만이
아브라함의 참 자손이 된다는 것을 알아야 합니다.
갈라디아 3:7

아브라함을 아브라함 되게 한 것은, 그 몸에 흐르는 '피'가
아니라 하느님의 명(命)에 자신의 명(命)을 통째로 내어맡긴 '믿
음'이었다.

아브라함의 자손을 아브라함의 자손 되게 하는 것이, 그 몸에
흐르는 '피'가 아니라 하느님의 명을 따르고자 자기 목숨을 통
째로 바치는 '믿음'임은 지극히 당연한 일이다.

주님, 저로 하여금 '피'로 사는 사람에 그치지 말고 '믿음'으로 사는 사람
이 되게 하소서.

속이야기

예수와 함께 십자가에 달린 죄수 중 하나도 예수를 모욕하면서 "당신은 그리스도가 아니오? 당신도 살리고 우리도 살려보시오." 하고 말하였다. 그러나 다른 죄수는 "너도 저분과 같은 사형 선고를 받은 주제에 하느님이 두렵지도 않으냐? 우리가 한 짓을 보아서 우리는 이런 벌을 받아 마땅하지만 저분이야 무슨 잘못이 있단 말이냐?" 하고 꾸짖고는 "예수님, 예수님께서 왕이 되어 오실 때 저를 꼭 기억하여 주십시오." 하고 간청하였다. 예수께서는 "오늘 네가 정녕 나와 함께 낙원에 들어가게 될 것이다." 하고 대답하셨다.

루가복음 23:39~43

이 이야기가 사실이었느냐 아니면 누가 생각하여 만든 것이냐를 물을 수는 있지만, 부질없는 짓이다.

그보다는, 이 이야기에 담겨 있는 속이야기를 찾아보는 것이 낫다.

어쩌면, 이 이야기를 처음 들려준 사람도 미처 생각 못했던 무엇을 찾아냈는지 모른다.

이야기란 본디 그런 것이다.

오늘 아침 나는 이 겉이야기에서 다음 몇 가지 속이야기를 읽는다.

하나, 같은 상황에 처한 사람들이지만 저마다 다르게 처신한다.

둘, 예수께서는 당신을 모욕하는 자에게는 아무 대꾸도 하지 않으시고 간청하는 자에게는 곧 그 청을 들어주신다.

셋, 예수께서는 당신 앞에 있는 사람의 과거를 묻지 않으신다.

넷, 비록 간청하는 자가 오해를 하고 있다 해도, 예수께서는 그 마음을 읽으시고 그에게 가장 좋은 것을 주신다.

다섯, 사람은 저마다 자기 인생 자기가 만들어 간다. 그러니 위로 하늘을, 아래로 남을 원망하거나 탓할 근거가 없다. 그래도 그러는 사람은, 그런 식으로 지금 자기 인생을 구중중하게 만들고 있는 것이다.

주님은 한 죄수의 청을 들어주시면서 그의 과거를 문제 삼지 않으셨습니다. 저도 그럴 수 있게 해 주십시오. 다른 사람의 과거뿐 아니라 저의 과거도, 제가 지금 여기에서 하는 일에 장애가 되지 않도록, 지난날의 영광과 치욕에서 저를 해방시켜 주십시오. 간혹 유치하다는 생각이 들더라도, 당신이 알아서 가장 좋은 방식으로 들어주시리라 믿고, 청할 일이 있으면 서슴없이 청하도록 하겠습니다.

견해를 부수라

베드로가 이렇게 말하고 있는 동안에
성령이 모든 청중에게 내려오셨다.
신자가 된 유다인으로서 베드로와 함께 왔던 사람들은
성령의 은혜가 이방인들에게까지
내리시는 것을 보고 깜짝 놀랐다.
사도행전 10:44~45

성령께서 당시 그곳에 있던 사람들에게 하신 일 가운데 하나가 그들의 견해를 부수는 것이었다. 이방인에게는 하느님의 영이 내릴 수 없다는 것이 그들의 굳은 신념이었는데 성령께서 그 신념을 허물어 버리신 것이다.

붕괴는 아픔을 수반한다. 그 아픔을 견디면서 붕괴 현장에 남아 있던 이들은 새 사람으로 거듭났을 것이고, 아픔이 싫어서 자리를 피한 이들은 몸에 익은 낡은 세계로 돌아갔을 것이다.

성령께서 오늘 여기 있는 우리에게 하시는 일 가운데 하나도 우리의 견해를 부수는 것이다.

우리로 하여금 진실에 가까이 가지 못하도록 가로막는 최대 최후의 장애는 진실에 대한 우리의 굳어진 견해다.

불용구진(不用求眞)이니 유수식견(唯須息見)이라, 따로 진리를 구할 필요가 없으니 다만 견해를 멈추라고 했다. 천사에 대한 내 생각을 비울 때 거기 천사가 나타난다. 하느님 나라에 대한 내 견해를 버리는 그곳에 하느님 나라가 있다.

그리스도인의 편견을 깨뜨릴 힘은 그리스도교를 반대하는 자들에게 있지 않고 그리스도의 거룩한 영에 있다.

주님, 생각을 하지 않고서 살 수 없는 것이 우리의 한계요 운명인 줄은 압니다만, 자기 생각에 갇혀 스스로 죽어가는 어리석음에는 빠지지 않도록 도와주십시오. 제 생각을 나룻배 삼아 그것을 타고서 오직 한 분이신 당신께로 나아가기를 소원합니다. 무엇이 제 생각대로 되지 않을 때 화를 내거나 낙심하는 대신, 오히려 감사할 줄 아는 사람으로 저를 키워 주십시오.

비밀

유다군은 그랄 주변 모든 성읍들을 치고 그 성읍들을 털었다.
거기에서도 많은 전리품을 얻었다.
또 목자들의 천막들을 덮쳐
낙타와 많은 양을 빼앗아 가지고 예루살렘으로 돌아왔다.
역대기하 14:13~14

이 구절은 다음 구절과 짝을 이룬다. 마땅히 함께 읽어야 한다.

"… 바빌론 왕은 성소에서 장정들을 칼로 쳐죽였다. 그는 장정, 처녀, 늙은이, 약자 할 것 없이 모조리 쳐죽였다. 하느님께서 모든 사람을 그의 손에 붙이셨던 것이다. 그는 하느님의 성전 그릇들을 크건 작건 간에 모두 쓸어가고 야훼의 성전 창고와 왕궁 창고를 털어갔으며 대신들도 바빌론으로 모두 붙잡아 갔다. 하느님의 성전을 불살랐고 예루살렘 성을 허물었으며 궁궐들을 불살라버리고 거기에 있던 값진 것을 모조리 부수어버렸다."(역대기하 36:17~19)

동산에 떠오른 해가 어찌 서산에 지지 않겠는가?

아니다. 사실은 동산에 떠오르는 해가 곧 서산에 지는 바로 그 해다.

네가 남에게 하는 모든 짓이 곧 네가 너에게 하는 짓이다.

이 비밀을 보지 못하는 데 인간 비극의 원인이 있고, 이 비밀을 깨달아 아는 데 인간 회복의 길이 있다.

주님, 천지가 나와 한 뿌리요 만물이 나와 한 몸[天地與我同根, 萬物與我一體]이라는 말을 머리로는 알아듣겠는데 아직 제 몸이 알지는 못합니다. 당신처럼 온몸으로 그 비밀을 알아 한 분 아버지의 뜻을 거침없이 에누리 없이 이루는 자식이기를 바랍니다. 아니, 그러기를 바라는 간절한 소원 하나로 오늘도 살 수 있기를 바랍니다. 주님, 부디 저를 도와주십시오.

스승의 눈

그 때 예수께서는 베다니아에 있는 나병환자 시몬의 집에
계셨는데 어떤 여자가 매우 값진 향유가 든 옥합을
가지고 와서 식탁에 앉으신 예수의 머리에 부었다.
이것을 본 제자들은 분개하여 "이렇게 낭비를 하다니!
이것을 팔면 많은 돈을 받아 가난한 사람들에게 줄 수 있을 텐데."
하고 말했다.
예수께서는 그것을 아시고
"이 여자는 나에게 갸륵한 일을 했는데 왜 괴롭히느냐?
가난한 사람들은 언제나 너희 곁에 있겠지만
나는 너희와 언제까지나 함께 있지는 않을 것이다.
이 여자가 내 몸에 향유를 부은 것은
나의 장례를 위하여 한 것이다.
나는 분명히 말한다.
온 세상 어디든지 이 복음이 전해지는 곳마다
이 여자가 한 일도 알려져서 사람들이 기억하게 될 것이다."
하고 말씀하셨다.

마태오복음 26:6~13

한 사건을 보는 눈이 이토록 다르다.

제자들은 '여자가 쏟은 향유'를 보고, 스승은 '향유를 쏟은 여자'를 본다.

한 사건이지만 서로 본 것이 다르니 그에 대한 반응 또한 다를 수밖에!

나에게서 '제자들의 눈'이 흐려지고 '스승의 눈'이 밝아지기를 바라고 나아가는,

여기에 내 인생의 모든 것을 걸리라.

주님, 저로 하여금 당신 눈으로 보고 당신 귀로 듣고 당신 손으로 일하게 하소서. 아닙니다. 당신께서 제 눈으로 보시고 제 귀로 들으시고 제 손으로 일하십시오. 그러다가 마침내 때가 되어 당신과 저 사이에 사이가 없어진다면, 그런 기막힌 기쁨이 어디 있겠습니까? 그 때야 오든 말든, 저는 그 때를 바라보고 사모하며 살겠습니다. 말리지 마세요. 소용없는 일입니다.

겨울 냇물 건너듯

그리고 여러분은 각자의 업적에 따라서
공정하게 판단하시는 분을 아버지로 모시고 있으니
나그네 생활을 하고 있는 동안은
늘 두려운 마음으로 지내십시오.

1베드로 1:17

공정하게 판단하시는 아버지를 겁내라는 말은 아닐 것이다.

저마다 자기 행실에 따라서 어김없는 응보(應報)를 받을 터이니, 함부로 처신하지 말고 삼가 조심하라는 말이다.

겨울 냇물 건너듯 발걸음을 머뭇거리는[豫兮若冬涉川], 그 사람이 성인(聖人)이다.

주님, 제가 이곳 지구별에서 인간의 몸으로 살아가는 한, 어둠과 빛을 함께 겪지 않을 수 없듯이, '카르마의 법'에서 벗어날 수 없다는 사실을 잘 알고 있습니다. 어차피 벗어날 수 없는 법이라면, 그 법을 걸림돌 아닌 디딤돌로 삼아서 제 길을 더욱 잘 가게 해 주십시오. 무슨 일이 닥치든 그 일로 해서 남을 탓하거나 원망하지 말게 하시고, 오히려 그 일을 발판 삼아 도약하는 용기와 지혜를 주십시오. 그러면 천상천하에 저를 돕지 않는 물건이 없겠거니와 그 비결이 바로 저한테 달려 있음을 명심하겠습니다.

사람의 아들

사울이 "젊은이는 누구의 아들인가?" 하고 묻자 다윗이 "저는 베들레헴에 사는 임금님의 종인 이새의 아들입니다." 하고 대답하였다.

사무엘상 17:58

다윗이 불레셋 장수 골리앗을 죽이고 그 목을 가져왔을 때, 사울과 다윗 사이에서 오고 간 말이다.

누가 만일 예수에게 "젊은이는 누구의 아들인가?" 하고 물었을 때, "저는 나자렛에 사는 목수 요셉의 아들입니다." 하고 대답했을까? 아마도 아닐 것이다.

그분은 당신을 '다윗의 후손'이라고 부르는 사람들 앞에서 나는 '사람의 아들'이라고 하셨다.

누가 나에게 "자네 누구 아들인가?" 하고 묻는다면, 지금 같아서는 "1918년에 태어나 1955년에 돌아가신 이 아무 씨의 아들입니다."라고 대답하지는 않을 것 같다.

그럼 뭐라고 대답할까? "사람의 아들이오." 나도 이렇게 대답할 수 있을까?

모르겠다. 다만 분명한 것은, 서슴없이 조금도 켕기는 구석 없이 그렇게 대답할 수 있기를 바라는 이 마음이다.

이 땅에 사람으로 태어나 사람으로 살아가려면 "너는 누구의 아들 · 딸이냐?"는 질문에 대답해야 한다.

지금 이 글을 읽고 있는 그대, 그대에게 묻는다. "너 누구 아들 · 딸인가?"

주님, 제가 누굽니까? 제가 어떻게 해서 지금 여기 이런 모습으로 있게 된 것입니까? 당신은 말씀하셨지요. 나는 내가 어디에서 와서 어디로 가는지를 알고 있다고요. 저도 그걸 알고 싶습니다. 주님이 저에게 말씀하시기를 너와 나는 한 몸이라고 하셨는데, 주님이 아시는 것을 제가 모른다면 말이 안 되지 않습니까? 예, 알아요, 저도 그걸 언젠가는 알게 될 줄을. 남은 것은 단지 시간문제일 뿐임. 언제고 저도 거침없이, "나는 사람의 아들이다." 하고 말할 수 있으리라는 것을!

사람이라고
예외일 수 없다

하느님께서 보내신 사람이 있었는데 그의 이름은 요한이었다.
그는 그 빛을 증언하러 왔다.
모든 사람으로 하여금 자기 증언을 듣고 믿게 하려고 온 것이다.
그는 빛이 아니라 다만 빛을 증언하러 왔을 따름이다.
말씀이 곧 참 빛이었다.
그 빛이 이 세상에 와서 모든 사람을 비추고 있었다.

요한복음 1:6~9

예수는 하느님이 보내신 사람이었다. 그를 증언하러 온 요한
도 하느님이 보내신 사람이었다.

그런데 한 사람은 빛이고, 다른 사람은 아직 또는 영원히 빛
이 아니다.

빛 아닌 게 있어서 빛이 있고, 빛이 있어서 빛 아닌 게 있다.

다른 데서는 모르겠으나 이 세계에서는 그렇다.

모자라는 제자가 있어서 온전한 스승이 있고, 같은 말을 거꾸로 해도 말이 된다.

온전하지 못한 모든 것이 합하여 온전한 세상을 이룬다.

따라서 세상에 존재하는 모든 것이 저마다 온전하지 못하고 저마다 온전하다.

그렇다. 세상에 온전한 물건이 없고 온전하지 않은 물건이 없다.

사람이라고 예외일 수 없다.

주님, 제가 당신을 떠나서는 한 순간도 살 수 없는 존재임을 잊지 않도록 도와주십시오. 제가 온전한 당신의 모자라는 부분이요, 따라서 지금 있는 이대로 온전한 존재이자 턱없이 모자라는 존재임을 기억하게 도와주십시오. 그리하여, 주님이 그러셨듯이, 누구에게도 무릎 꿇지 않는 오만과 모든 이를 우러르는 겸손으로 살아가는 모순덩어리가 되게 도와주십시오.

그런 줄 누가 모르랴?

돈을 사랑하는 사람치고 돈으로 만족하는 사람이 없다.
욕심부린다고 더 생기는 것도 아니다.
그러니 이 또한 헛된 일이다.

잠언 5:9

그런 줄 누가 모르랴?
그런데도 많은 사람이 돈에 목숨을 건다.
허어 참!
어이없도록 재미있는 세상이다.
이렇게 살아보니까 헛되고 헛되구나~를 깨달으려고 일생을
헛되게 살다니!

주님, 돈을 우습게보지 않도록, 돈을 미워하지 않도록, 그래서 돈한테 앙 갚음 당하지 않도록 우리를 도와주십시오. 돈을 귀하게 여기도록, 돈을 잘 사랑할 수 있도록, 그래서 돈에 매이거나 돈을 숭배하는 어리석음에 빠지 지 않도록, 우리를 가르쳐 주십시오. 이 미쳐버린 자본주의 세상에서 사람 으로 살아남는 길을 보여 주시고, 그 길을 담대하게 가도록 용기와 믿음을 우리에게 주십시오.

초연한 시늉

명절 동안에 유다인들은 "예수가 어디 있느냐?" 하고 물으며 찾아다녔다. 그리고 군중 사이에서는 예수를 두고 이러쿵저러쿵 말들이 많았다. "그는 좋은 분이오." 하는 사람이 있는가 하면, "아니오. 그는 군중을 속이고 있소." 하는 사람도 있었다.

요한복음 7:11~12

예수에 대하여 사람들 사이에서 이러쿵저러쿵 말들이 많았다는 사실 자체가 복음이다.

그분도 모든 사람의 인정과 찬사를 받지 못하셨다!

하물며, 나 같은 존재야 더 무슨 말을 하랴?

그런데 예수는 사람들의 인정과 부정, 찬사와 비난에 전혀 흔들리지 않고 당신 길을 가셨다.

이 점에서 그분과 나는 크게 다르다.

하기야, 그래서 그분은 더 배울 것이 없는 스승이시요 나는 모자라기 짝 없는 말단 제자 아니겠는가마는….

좋다. 세상의 찬사와 비난에 아직 초연하지는 못하더라도, 초연한 시늉이나마 할 수 있는 데까지 해 보자.

습자(習字)의 기본이 임서(臨書)에 있다지 않는가?

쟁기를 멘 자가 자꾸 뒤를 돌아다보면 당신 나라에 들어갈 자격이 없다고 하신 주님. 당신 나라에 들어가기 위해서라기보다 시방 하고 있는 쟁기질을 제대로 하기 위해서라도, 앞서 가시는 당신에게만 제 눈길을 두게 해 주십시오. 뒤에서, 옆에서, 저를 두고 수군거리거나 터무니없는 말로 비난을 하거나 달콤한 말로 칭찬을 하거나, 그런 소리들에 흔들리지 않도록, 주님, 제 마음을 오로지 당신께 두고자 합니다. 이왕에 누군가를 시늉하며 살게 되어 있는 게 인생이라면 주님이 보여 주신 초연한 참여의 길을 시늉해 보겠습니다. 부디 저를 도와주십시오. 아니, 이것이 본디 저의 소원이기 이전에 당신이 저를 부르신 이유요 목적일 터인즉, 저로 하여금 당신이 저에게 하시는 일을 잘 도와 드릴 수 있게 해 주십시오.

진정한 '들음'

마음으로 듣고 승복해야, 그래야 진정한 '들음'이다.
그렇게 들으면 저절로 몸이 움직인다.
복음을 들은 이들이 복음을 전하는 자로 바뀐다.
그렇게 해서 복음은 시대와 장소의 벽을 넘어,
오늘 우리에게 와 닿았다.

저 한 몸 여기 이렇게 있기 위하여
헤아릴 수 없는 오랜 세월 나고 죽기를 반복한 생명들을 기억하게 하소서.
그이들 덕분에 오늘 제가 여기 이렇게 있습니다.

보이지 않는 것을
볼 수 있는 눈

하느님께서는 사람을 겉 모양으로 보지 않으시므로
소위 지도자라는 사람들이 과거에 어떤 사람들이었든 간에
나에게는 아무 상관도 없지만
그들도 나에게 어떤 새로운 제언을 한 일은 없습니다.
갈라디아서 2:6

여기 '그들'이란, 바울로가 디도를 데리고 바르나바와 함께
예루살렘으로 갔을 때 거기서 만난 그곳 교회의 '소위 지도자라
는 사람들'을 가리킨다.

바울로는 그들을 자기 눈으로 보지 않고 하느님 눈으로 보았
던가 보다.

그랬기에 그들의 전력(前歷)이 안 보였을 것이다.

사실은 보였지만 거기에 끌려 다니지를 않았던 것인지 모르

겠다.

그가 만일 그들을 자기 눈으로(사람 눈으로) 보았다면 그들의 전력을 문제 삼지 않을 수 없었으리라.

사람의 전력이란 다름 아닌 그의 겉모습이기 때문이다.

그렇다 해서 겉모습을 무시하거나 외면하자는 것은 결코 아니다. 그것은 대상을 하느님 눈으로 보는 것이 아니다.

다만, 그것들에 눈길이 막혀 그것들을 문제 삼느라고, 그것들을 통하여 드러나는 그것들의 참모습을 보지 못하는 게 문제다.

내가 세상에 온 것은 보지 못하는 자들을 보게 하기 위해서라고 말씀하신 주님. 제가 아직도 사물의 진면목을 제대로 보지 못합니다. 그래서 겉모습에 붙잡혀 왔다 갔다 하는 일이 자주 있습니다. 눈에 보이는 것을 통하여 눈에 보이지 않는 것을 볼 수 있는 눈을 저에게 주십시오. 그리하여, 주님이 세상에 오신 목적을 저를 통해서 옹글게 이루시기 바라나이다.

씨앗이 움트듯

땅에서 새 싹이 돋아나듯
동산에 뿌린 씨가 움트듯
주 야훼께서는 만백성이 보는 앞에서
정의가 서고 찬양이 넘쳐흐르게 하신다.

이사야 61:11

그렇다. 야훼의 정의는 바깥에서 싸워 얻는[爭取] 게 아니다.

아무도 모르게 심은 씨앗이 움터 나오듯, 보이지 않는 속에서 소리도 없이 돋아나는 것이다.

그것을 보고 두려움을 느끼는 사람은 없다.

그렇다. 참된 하느님 찬양은 가슴 깊은 속에서 저절로 솟아나와 강물처럼 흐른다.

반복적인 연습의 효과로 또는 최상급 음향기기의 효과로 만들어지는 것이 아니다.

주님, 저로 하여금 세상을 정의로운 곳으로 만들어 보겠다는 오랜 미망에서 벗어나게 하소서. 그 대신, 제 삶의 밭에 당신의 가르침을 심어 그것이 정의의 새싹으로 움돋게 하소서.

교회 안에도 있다

전에 이스라엘 백성 가운데 거짓 예언자들이 있었던 것처럼
여러분 가운데도 거짓 교사들이 나타날 것입니다.
그들은 파멸을 가져오는 이단을 몰래 끌어들일 뿐만 아니라
피를 흘리셔서 자기들을 구원해 주신 주님을 부인하며
자기 자신들의 멸망을 재촉하는 자들입니다.

2베드로 2:1

가짜는 어디에나 있다.

교회 안에도 있다. 이상한 일이지만 사실이다.

삼가 조심할 수밖에, 다른 길이 없다.

그러나 크게 걱정할 일은 아니다.

가짜를 분별하는 것이 별로 어렵지 않기 때문이다.

그들이 하는 말에 속지 말고,

그들이 어떤 옷을 입고 어떤 음식을 먹으며 어떤 집에 살고 있는지를 찬찬히 살펴보면 쉽게 알 수 있다.

수상하면 가까이 하지 않는 게 상책이다.

주님, 이 바쁜 세상 살면서 가짜한테 속아 허송세월하는 일은 없었으면 합니다. 하지만 주님, 가짜한테 속지 않는 것도 중요하지만, 그보다 저 자신이 가짜가 되는 일만큼은 결단코 없어야겠습니다. 부디 저를 지켜 주시고 조금이라도 그럴 기미가 보이거든 가차없이 일깨워 주십시오. 제가 저를 비우고 그 자리를 당신으로 채우면 가짜가 되고 싶어도 될 수 없으리라는 것, 잘 압니다. 모든 일에 저를 앞세우지 말고 당신 뒤에 서도록 주님, 저를 도와주소서.

그래서
틀린 말이 아니다

동녘에서도, 서녘에서도 아니요
사막에서도, 산악지대에서도 아니며
판결은 오직 하느님에게서 나오는 것.
이 사람은 낮추시고, 저 사람은 높이신다.
시편 75:6~7

산에서 재면 높은 데도 있고 낮은 데도 있다.

강에서 재면 먼 데도 있고 가까운 데도 있다.

그러나 하늘에서 재면 높은 데도 낮은 데도 없고 먼 데도 가까운 데도 없다.

하느님의 판결이 공평무사하고 머리털만큼도 어긋나지 않는 까닭은 하느님이 하늘에 계시기 때문이다.

거울에 비친 사람이 깨끗하거나 더러운 것은 거울이 그렇게 한 것이 아니라 본인이 그렇게 한 것이다.

이 사람이 낮아지고 저 사람이 높아지는 것도 하느님이 이 사람을 낮추시고 저 사람을 높이시는 게 아니다.

어디까지나 제가 저를 낮추고 제가 저를 높이는 것이다.

그러나 거울이 없으면 깨끗한 사람도 더러운 사람도 없다.

마찬가지로, 하느님이 안 계시면 낮아지는 사람도 높아지는 사람도 없다.

피고를 유죄로 만들거나 무죄로 만드는 것은 판사가 아니라 피고의 행실이다.

그러나 판사가 없으면 누가 그를 유죄로 또는 무죄로 판결할 것인가?

하느님이 누구는 낮추시고 누구는 높이신다는 말이 그래서 틀린 말이 아니다.

주님, 제가 만일 지옥으로 간다면 그것은 하느님이 저를 그리로 보내시는 것이 아니라 제가 저를 그리로 보내는 것입니다. 제가 만일 천당으로 간다면 그것도 하느님이 저를 그리로 보내시는 것이 아니라 제가 저를 그리로 보내는 것입니다. 그런데요, 그런 줄 알면서도 어째서 저는 자꾸만 엉뚱한 방향으로 나아가려 하는 것일까요? 마음으로는 모든 사람 앞에서 자신을 낮추어야지 하는데 실제로는 보이지 않는 오만에 자신을 감추고 있습니다. 오, 주님. 제가 저를 어쩔 수가 없네요. 부디 저를 당신의 소유로 봉인하여, 죽이든지 살리든지 뜻대로 하십시오.

답은 한 곳을
가리킨다

요한은 이렇게 대답하였다.
"나는 다만 물로 세례를 베풀 따름이오.
그런데 당신들이 알지 못하는 사람 한 분이
당신들 가운데 서 계십니다.
이분은 내 뒤에 오시는 분이지만
나는 이분 신발 끈을 풀어드릴 만한 자격조차 없는 몸이오."
요한복음 1:26~27

자신의 신분을, "예언자 이사야의 말대로 '주님의 길을 곧게
하라' 하며 광야에서 외치는 이의 소리"라고 밝힌 요한이 요르
단 강 건너 편 베다니아에서 사람들에게 세례를 베풀고 있을
때, "왜 그리스도가 아니라면서 세례를 베푸느냐?"는 바리사이
파의 질문에 대답한 말이다.

대답이라기보다는 증언이다. 하기는 직답(直答) 대신 엉뚱한 말을 하는 것도 훌륭한 대답이겠다.

　누가 무엇을 묻든 요한의 답은 한 곳을 가리킨다. 자기 뒤에 오실 분, 너무 커서 자기는 그 신발끈을 풀어드리기조차 황송한 분, 사람들 가운데 서 있지만 아무도 알아보지 못하는 분, 그분만을 바라본다.

　이만하면, 여인이 낳은 사람 가운데 가장 큰 사람이라는 칭송을 얻을 만하다. '사람의 아들' 앞에서 스스로 자기를 낮추어, 여인이 낳은 사람 가운데 가장 작은 사람으로 만들었으니.

저를 남보다 높은 자리에 세우기는 물을 위로 올리는 것만큼 어려운 일이고, 저를 남보다 낮은 자리에 두기는 물이 아래로 흐르는 것처럼 쉬운 일인데, 그런데 그게 왜 이다지도 힘든지 모르겠습니다. 주님, 어려운 일을 도모하다가 고생만 하고 아무 얻는 게 없는 허망한 인생이 되지 말고, 쉬운 일을 쉽게 하면서 거기에서 오는 설명 못할 평화와 기쁨을 맛보게 도와주십시오. 저에게 그 길을 일러주러 하늘 보좌를 비우고 이 땅에 내려오지 않으셨습니까? 낮은 자리로 내려가려 애쓰지 말고 네 진면목을 알라고요? 네가 얼마나 비천하고 엉터리없는 물건인지를 알라고요? 그러면 저절로 낮은 자리가 편해진다고요? 아, 그렇군요. 알겠습니다. 저로 하여금 제 진면목을 알고 잊지 않도록 도와주십시오.

갈 길이 멀다

날이 저물었을 때에 예수께서 열두 제자와 함께 식탁에 앉아 같이 음식을 나누시면서 "나는 분명히 말한다. 너희 가운데 한 사람이 나를 배반할 것이다." 하고 말씀하셨다. 이 말씀에 제자들은 몹시 걱정이 되어 저마다 "주님, 저는 아니겠지요?" 하고 물었다. 마태오복음 26:20~22

어느 한 제자도 "그게 누구입니까?" 하고 묻지 않았다.

모두가 "저입니까?" 또는 "저는 아니지요?" 하고 물었다.

그만큼 자신에 대하여 자신(自信)이 없었던 것일까?

그래도, 자기는 절대 아니니 그가 누구냐고 묻는 것보다는 낫다.

그러나, 관심이 저마다 자기 자신한테 먼저 쏠리고 거기에 머물러 있음은,

제자에게 배반당하는 스승의 아픔에 공명(共鳴)하여 함께 아
파하거나,

스승을 배반할 수밖에 없는 제자를 안타까워하는 경지에 이
르기까지

아직 한참 갈 길이 멀다는 사실을 보여 주고 있다.

주님, 남을 사랑하기 전에 먼저 저 자신을 사랑할 줄 알게 해 주십시오. 그
러나 저 자신을 사랑하기 전에 먼저 하느님을 사랑할 줄 알게 해 주십시
오. 그래서 저의 사랑이 저한테만 머무르는 과오를 범하지 않게 도와주십
시오. 정말이지 저는 사랑으로 살고 사랑으로 죽기를 원합니다. 그런데 사
랑을 어떻게 하는 것인지 잘 모르겠어요. 열심히 배울 터이니 적절하게 가
르쳐 주십시오.

진정한 들음

그러나 모든 사람이 다 그 복음을 받아들인 것은 아닙니다.
"주님, 우리가 일러준 말을 누가 믿었습니까?" 하고
이사야도 한탄한 일이 있습니다.
그러므로 들어야 믿을 수 있고
그리스도를 전하는 말씀이 있어야 들을 수 있습니다.
로마서 10:16~17

옛날 이사야 때에 그러했듯이 예수 그리스도의 복음이 세상에 전해졌을 때에도 모든 사람이 다 그 복음을 받아들이지는 않았다.

아예 귀를 기울이지 않은 자들도 많았고 왜곡하여 듣고서 화를 낸 자들도 적지 않았다.

지금이라고 달라졌을 리 없다.

들어야 믿을 수 있다. 옳은 말씀이다. 그러나, 귀로만 듣는 것은 믿음과 아무 상관이 없다.

오히려, 시끄럽게 굴지 말라고 짜증을 낼 수도 있는 일이다.

마음으로 듣고 승복해야, 그래야 진정한 '들음'이다. 그렇게 들으면 저절로 몸이 움직인다.

복음을 들은 이들이 이번에는 복음을 전하는 자로 바뀐다.

그렇게 해서 복음은 시대와 장소의 벽을 넘어, 오늘 우리에게 와 닿았다.

그동안 수없이 명멸(明滅)했을 무명 전도인들이 없었다면, 오늘 내가 어떻게 성서를 펼쳐 놓고 이런 글을 쓸 수 있겠는가?

그런데도 '나'라는 개인을 고집한다면 진실에 눈먼 자의 어리석은 무례(無禮)가 아닐 수 없다.

그렇다. 나는 지금 혼자서 성서를 읽고 있는 게 아니다.

저 한 몸 여기 이렇게 있기 위하여 헤아릴 수 없는 오랜 세월 나고 죽기를 반복한 생명들을 기억하게 하소서. 그이들 덕분에 오늘 제가 여기 이렇게 있습니다. 아니, 그이들과 함께 제가 여기 이렇게 있습니다. 그런 줄 알면서, 제가 어찌 스스로 잘난 척 으스대거나 스스로 좌절하여 낙담하겠습니까? 뽐낼 것도 없고 주눅들 것도 없는 인생, 생긴 대로 살다가 때 되면 몸을 바꿀 따름이지요. 그러니 저로 하여금 부디 저 혼자서 사는 게 아니라는 진실을 잊지 않도록 도와주십시오.

대책 없는 사람

날이 밝자 곧 대사제들은
원로들과 율법학자들을 비롯하여 온 의회를 소집하고
의논한 끝에 예수를 결박하여 빌라도에게 끌고 가 넘기었다.
마르코복음 15:1

한 때 이 나라에 '관계기관 대책 회의' 라는 게 성행한 시절이
있었다.

지금도 아마, 이름은 바뀌었을지 모르나, 있을 것이다.

독재 정권일수록 그런 '회의' 가 자주 회집되는 것 같다.

예수가 체포되던 날 새벽에도 예루살렘에 의회가 소집되었
다.

그리고 그들은 대책을 의논하였다.

바로 전날, 혼자 대책을 생각하다가 그나마 포기하고 모든 것

을 '하늘'에 맡겨 버린, 한 '대책 없는 사람'을 처형하기로, 보나마나 근사한 예복으로 위엄(?)을 갖추었을 의원님들이 결정하셨다는 이야기다.

우리가 살고 있는 세상이 예나 이제나 이러했다.

세상에 대해서나 본인에 대해서나 도무지 아무 대책 없는 사람이 이쪽에 있고,

시시때때로 회의를 소집하여 대책을 세우고 그대로 실천하는 사람들이 저쪽에 있다.

어느 쪽에 설 것인가? 고맙게도 그것만큼은 우리 몫이다.

날마다 머리 둘 곳 없이, 물처럼 바람처럼 정처 없는 흐름으로 사셨던 주님, 그러나 빈틈없는 하늘 섭리에 몸을 내어맡기고 옹근 자유를 누리셨던 주님, 저도 당신처럼 살고 싶습니다. 도무지 대책이 없어 보이지만, 때와 곳에 틀림없이 나타나는 그런 사람으로 살고 싶습니다. 저에게 이런 소원을 품게 한 분이 바로 당신이시니, 당신의 뜻을 부디 저에게서 이루어 주소서.

부끄러울 것 없다

제자가 스승보다 더 높을 수 없고
종이 주인보다 더 높을 수 없다.
제자가 스승만해지고 종이 주인만해지면
그것으로 넉넉하다.
집 주인을 가리켜 베엘제불이라고 부른 사람들이
그 집 식구들에게야 무슨 욕인들 못하겠느냐?
마태오복음 10:24~25

우리 스승 예수는 베엘제불(악마의 괴수)이라는 말까지 들으신
분이다.

그분 제자로 자처하면서 무슨 누명을 새삼 겁낼 것인가?

우리 스승 예수는 온갖 덫과 함정으로 어지러운 세상을 조금
도 흐트러짐 없이 당당하고 깨끗하게 걸어가셨다.

어떤 오명도 그분에게 더러운 티끌 하나 묻히지 못하였다.

그분의 제자로 자처하면서 무엇을 피하고 무엇을 두려워할 것인가?

그런데도 내가 무엇을 피하거나 두려워한다면 아직 스승만큼 되지 못했다는 반증일 뿐이다.

부끄러울 것 없다.

주님을 스승으로 모실 수 있도록 허락해 주셔서 고맙습니다. 스승님처럼, 온갖 누명을 쓰면서도 때 하나 묻지 않는 그 당당함과 깨끗함의 비결을 배우고 싶습니다. 저에게, 세상의 이런저런 비난과 모함으로부터 지켜야 할 '나'가 아예 없었으면 합니다. 이런 소원도 소원이랄 수 있겠는지요?

괜히 기웃거릴 것 없다

예수께서는 멜기세덱의 사제 직분을 따라
영원한 대사제가 되셔서
우리보다 앞서 그곳에 들어가셨습니다.
히브리서 6:20

그리고 우리에게, "나를 따르라."고 하셨다.

또, "내가 나 있는 곳으로 너희를 데려오겠다."고도 하셨다.

그러니, 숨지는 순간까지 포기하지 말고 앞서 가시는 그분을 따르다 보면,

따르는 동안 비틀거리고 넘어지고 하는 것쯤이야 아무것도 아니다.

그러다 보면, 어느새 우리도 그곳에 들어가 있을 것이다.

멜기세덱이 어떤 인물인지, 예수께서 우리보다 앞서 들어가

셨다는 그곳이 어떤 곳인지,

그런 것을 미리 알고 싶어서 괜히 기웃거릴 것 없다.

그러느라고 지금 여기에서 앞서 가시는 주님을 놓친다면,

숟가락이 무엇으로 만들어졌는지 알아보느라고 밥을 굶는 사
람과 다를 게 무엇이랴?

주님, 당신과 저 사이에 더 이상 당신에 대한 사람들의 이런 저런 설명이
끼어들지 못하게 해 주십시오. 이정표에 눈이 가려 길을 보지 못한다면 그
런 낭패가 어디 있겠습니까? 당신에 대한 저의 경험조차도 저와 당신 사이
에 끼어들지 않았으면 합니다. 그 모든 것들을 오직 당신과 함께 가는 이
길의 디딤돌로 삼게 해 주십시오.

너는 누구 것이냐?

"그러면 카이사르의 것은 카이사르에게 돌리고
하느님의 것은 하느님께 돌려라." 하고 말씀하셨다.
루가복음 20:25

이 말씀에, 예수님한테서 말 트집을 잡으려던 자들은 입을 다
물고 물러갔다. 그런데 만일 그들 가운데 진실을 알고자 하는
순진한 사람이 있다가 이렇게 여쭈었다면, 대화는 어떻게 전개
되었을까?

"선생님, 무엇이 카이사르 것이고 무엇이 하느님 것입니까?"

"데나리온을 내게 보여라. 이 물건이 카이사르 것이냐? 하느
님 것이냐?"

"…?"

"이것이 카이사르 것이냐, 하느님 것이냐를 결정짓는 것은

'이것'이 아니라 너다. 네 눈에 카이사르 것으로 보이면 카이사르 것이요, 하느님 것으로 보이면 하느님 것이다. 무엇이 카이사르 것이고 무엇이 하느님 것인지, 내게 묻지 마라."

"…."

"무엇이 카이사르 것이고 무엇이 하느님 것이냐고 묻고 있는 너는 누구 것이냐? 네 주인에게 너를 돌려라."

주님, 제가 당신을 주님이라고 부르는 한, 저는 제 것이 아닙니다. 이 사실을 언제나 기억하고, 저를 당신께 돌려드리는 것으로 제 삶의 모든 것을 삼게 하소서. 그러다가 마침내 당신께 저를 돌려드리는 저까지 없어진다면…. 주님, 그날이 오든 말든 오직 그날을 바라보며 나아가게 하소서.

어디가 따로 없다

예수의 일행이 길을 가고 있을 때 어떤 사람이 예수께
"저는 선생님이 가시는 곳이면
어디든지 따라가겠습니다." 하고 말하였다.
그러나 예수께서는
"여우도 굴이 있고 하늘의 새도 보금자리가 있지만
사람의 아들은 머리 둘 곳조차 없다." 하고 말씀하셨다.
루가복음 9:57~58

그러니 나를 따라오라는 말씀인가? 따라오지 말란 말씀인가?
그것은 그대 일이니 알아서 하라는 말씀이다. 다만, 내가 가는
곳이면 '어디든지' 따라오겠다고 했는데, 내게는 딱히 가야 할
'어디'가 따로 없다는 말씀이다.

정처가 없는 사람은 어디든지 갈 수 있다. 머리 둘 곳이 없는

사람은 아무 데나 누울 수 있다.

임성소요(任性逍遙)에 수연방광(隨緣放曠)이라, 하늘 성품에 나를 맡기고 노니는데 인연 따라 거침이 없도다!

아무나 갈 수 있는 길이 아니다.

모든 것을 놓아버리고 모든 것을 놓아버린 자기까지 놓아버린 사람만이 가는 길이다.

그가 만일, "예. 바로 그 경지에 이르는 것이 제 소원입니다. 저를 선생님 계신 곳으로 데려가 주십시오." 하고 따라나섰다면, 예수께서는 틀림없이 그를 당신 제자로 삼으셨을 것이다.

뒷이야기가 없으니 '그 사람'이 어찌되었는지 알 수 없으나, 이것이 어찌 이름도 알 수 없는 '그 사람'(마태오복음에는 어느 '율법학자')만의 경우겠는가?

주님, 이왕에 당신의 가르침을 받아 살기로 작정하여 여기까지 왔습니다. 이대로 살다가 아무 이룬 것 없이 죽어도 괜찮으니, 뒤를 돌아보거나 한눈 파는 일만큼은 없도록 저를 도와주십시오. 당신 계신 곳까지 다 못 가도 좋습니다. 그리로 가다가 숨을 거두었다는 사실 하나로 저는 더 바랄 것이 없어요. 이 말이 저의 진심인 줄, 당신이 아십니다.

고쳐 주기
위해서가 아니었다

예수께서 그곳을 떠나 갈릴래아 호숫가를 지나서 산에 올라가 앉으셨다. 그러자 많은 군중이 절름발이와 소경과 곰배팔이와 벙어리와 그 밖의 많은 병자를 예수의 발 앞에 데려다 놓았다. 예수께서는 그들을 다 고쳐 주셨다. 그리하여 벙어리가 말을 하고 곰배팔이가 성해지고 절름발이가 제대로 걷고 소경이 눈을 뜬 것을 군중이 보고 크게 놀라 이스라엘의 하느님을 찬양하였다. 마태오복음 15:29~31

예수께서 세상에 오신 것은 벙어리 소경 절름발이…를 고쳐 주기 위해서가 아니었다. 그랬더라면, 갈릴래아 호숫가를 지나서 산에 올라가 앉는 대신 병자들이 있는 마을을 순방하셨을 것이다.

그리하여 대대적인 '치유 집회'를 계속하셨을 것이다. 그리고, 아마도, 십자가에 달리는 대신 많은 군중의 사랑과 존경을 받으며 백발노인으로 천수를 누리다가 운명하셨을 것이다.

그러나 당신 입으로 "내가 다 이루었다."는 말씀은 끝내 하지 못하셨으리라. 그분이 마지막 숨을 거두시는 순간에도 세상에는 고침받지 못한 벙어리 소경 절름발이…들이 무수하게 남아 있었기 때문이다.

예수께서 세상에 오신 것은 벙어리와 소경과 절름발이…들을 고쳐 주기 위해서가 아니었다.

그들을 고쳐 주는 가운데, 당신의 몸과 마음을 다 바쳐 오직 하늘 아버지 뜻에 복종하고, 그렇게 영생의 도(道)를 몸소 걸으시고, 그것을 우리에게 모범으로 보여 주시고자 그분은 세상에 오셨다.

병자들을 고쳐 줌으로써 그분이 참으로 이루신 것은, 기적 같은 치유 행위가 아니라, 당신을 세상에 보내신 아버지의 뜻이었다.

주님, 하늘 아버지께 바치신 당신의 오롯한 순종이 벙어리를 말하게 하고 절름발이를 걷게 하셨습니다. 당신의 치유 능력을 시새우지 말고, 당신처럼 온전히 하늘 아버지께 순종하며 살게 해 주십시오. 제가 그것을 이토록 소원하건만 제 몸과 마음이 따라주지를 않습니다. 제발 불쌍히 보시고 그냥 이대로 놔두지 말아 주십시오. 잠자코 당신의 손길을 기다립니다.

걸어다니는
하느님 나라

"나는 분명히 말한다.
여기 서 있는 사람들 중에 하느님 나라를 볼 사람들도 있다."
루가복음 9:27

하느님 나라는 하느님 통치가 옹글게 실현되는 때와 곳이다.

한 집안에서 하느님 통치가 온전히 이루어지면, 그 집안이 하느님 나라다.

한 사람한테서 하느님 통치가 온전히 이루어지면, 그 사람이 하느님 나라다.

예수, 그분은 걸어다니는 하느님 나라셨다.

문득 눈이 열려 이 사실을 알아차리는 사람이 "여기 서 있는 사람들 중에" 있을 것이라는 말씀이다.

젖먹이 아이처럼 하느님 통치를 받아들이는 자라야 하느님 나라에 들어가 (걸어다니는) 하느님 나라로 살 것이다.

주님, 저도 당신이 그러셨듯이 젖먹이 아이처럼 온전히 하느님께 순종하여 '걸어다니는 하느님 나라' 로 살게 해 주십시오. 그리하여, 하느님 나라에 들어가려는 어른의 욕심을 따로 품지 않게 해 주십시오.

눈 먼 사람들!

유다인들은 그 사람이 본래는 소경이었는데 지금은 눈을 뜨게 되었다는 사실을 믿으려 하지 않고 마침내 그 사람의 부모를 불러 "이 사람이 틀림없이 나면서부터 눈이 멀었다는 당신네 아들이오? 그런데 지금 어떻게 눈을 뜨게 되었소?" 하고 물었다. 그의 부모는 "예, 틀림없이 날 때부터 눈이 멀었던 저희 아들입니다. 그러나 그가 어떻게 지금 보게 되었는지는 모릅니다. 다 자란 사람이니 그에게 물어보십시오. 제 일은 제가 대답하겠지요." 하였다. 그의 부모는 유다인들이 무서워서 이렇게 말한 것이다. 유다인들은 예수를 그리스도라고 고백하는 사람은 다 회당에서 쫓아내기로 작정하였던 것이다. 그의 부모가 "다 자란 사람이니 그에게 물어보십시오."라고 한 것도 그 때문이었다.

요한복음 9:18~23

눈 뜬 사람 내쫓는 눈 먼 사람들!
우습다고 해야 할까?
슬프다고 해야 할까?

주님, 지금도 이런 일이 대낮에 일어나는 세상입니다만, 어째서 이런 일이
일어나는지는 더 묻지 않겠어요. 다만 저는, 누가 무슨 짓을 저질러도 그
를 내쫓아야만 할 '신성한 공간'을 따로 소유하지 않겠습니다. 아니, 한낱
피조물인 사람이 그런 공간을 소유한다는 게 원천적으로 불가능하다는 사
실을 명심하겠습니다. 하느님 나라에는 그런 데가 따로 없으리라 믿고 있
으니까요.

신비 체험의 마지막

그 소리가 그친 뒤에 보니
예수밖에는 아무도 보이지 않았다.
제자들은 아무 말도 못하고
자기들이 본 것을 얼마 동안 아무에게도 말하지 않았다.

루가복음 9:36

예수밖에 아무도 보이지 않았다는 말은 예수와 함께 있던 모세와 엘리야가 보이지 않았다는 말이다.

아마도 거기가 모든 신비주의 현상의 마지막일 터이다, 지금까지 보이던 신비가 사라지고 평소의 일상(日常)이 새롭게 드러나는….

제자들이 말을 잃고 한동안 침묵한 것은 그러려고 해서 그런 게 아니라 그러지 않을 수 없어서 그런 것이리라. 신비가 사라지고 평범한 일상이 돌아왔어도 신비 체험은 한동안 잔상(殘像)으로 남아 있었을 테니까. 밝은 햇빛 아래 바라본 물상(物象)이 한동안 환한 빛 모양으로 망막에 남아 있듯이….

물이 증발하여 허공에 머물다가 빗방울로 내려와 만물을 살리듯, 평범한 일상을 떠나 신비의 구름 속에 들었다가 다시 일상으로 돌아오는 것이 신비 체험의 한 사이클이다.

주님, 평범한 일상(日常)으로 숨어 계시는 당신을 알아 뵙게 해 주십시오. 그러기 위하여, 일상생활에 충실하면서 그것에 사로잡혀 걸리지 않는 구도자의 자세를 유지하도록, 순간순간 저를 일깨워 주소서.

주는 자와
받는 자가 같지 않다

죽은 자가 다시 살아난다는 말을 듣고
바울로를 비웃는 사람들이 있었는가 하면
훗날 다시 그 이야기를 듣겠다는 사람들도 있었다.

사도행전 17:32

바울로가 아테네의 유명한 아레오파고 법정에서 연설했을 때 일이다.

같은 내용의 연설인데 듣는 자들의 반응이 서로 달랐다.

인간관계라는 게 늘 그렇다.

주는 자와 받는 자가 같은 물건을 주고받지만, 그 물건의 무게는 주는 자와 받는 자가 같지 않다.

물론, 받는 자들끼리도 서로 다르다.

이 사실을 인정하고 용납하면 충돌과 갈등을 피할 수 있다.

서로 다른 사람들이 반드시 상대를 용납해야 하는 것은 아니다. 어느 한 쪽만 자기와 다른 쪽을 인정하고 용납해도 충돌과 갈등을 피할 수 있다. 손바닥 하나로는 소리를 낼 수 없는 법이니까.

수많은 사람의 반대와 배척을 받았지만 단 한 번도 그 누구와도 충돌하거나 갈등한 적이 없으신 분, 그러면서 당신에게 주어진 길을 한 치 어긋남 없이 걸어 목적지에 정확하게 도달하신 분, 우리 스승 예수가 바로 그런 분이시다.

바람이 그물에 걸리지 않는 것은 바람 알갱이가 그물코보다 작기 때문인 줄 압니다. 주님, 저로 하여금 사람들 속에서 미세한 먼지처럼 스스로 작아질 수 있도록 도와주십시오. 자꾸만 커지려고 하는 이 마음을 당신께 맡깁니다. 섬김을 받으러가 아니라 섬기러 세상에 오신 당신을 본받아, 모든 사람을 저보다 크고 높은 자리에 기꺼이 모시고 저는 날마다 더욱 작아지는 존재로 살아가게 도와주십시오. 그리하여 누가 뭐라고 해도 그 말이나 행위에 걸려 넘어지는 일이 없었으면 합니다.

어려운 일이 아니다

예수께서는 그들에게 이렇게 말씀하셨다.
"내가 가르치는 것은 내 것이 아니라
나를 보내신 분의 가르침이다.
하느님의 뜻을 실천하려는 사람이면
이것이 하느님으로부터 나온 가르침인지
또는 내 생각에서 나온 가르침인지를 알 것이다.
제 생각대로 말하는 사람은 자기 영광을 구하는 사람이다.
그러나 자기를 보내신 분의 영광을 위해서 힘쓰는 사람은
정직하여 그 속에 거짓이 없다."
요한복음 7:16~17

누가 무슨 일을 할 때, 그 일을 자기 뜻대로 하는지 아니면 하느님의 뜻대로 하는지를 분별하는 것은 어려운 일이 아니다.

그가 만일 그 일로 자신의 영광을 구한다면, 그래서 자기 명

예를 더럽히는 자들에게 화를 내거나 그들을 미워한다면, 그는 하느님의 이름을 빙자하여 자기 뜻을 실현하고 있는 것이다.

반면에, 온 세상이 들고 일어나 자기를 모함하고 핍박해도 그들을 미워하거나 그들에게 성을 내는 대신 오히려 복을 빌어 주고 담담하게 자기 길을 가는 사람은, 자기를 세상에 보내신 아버지의 뜻을 실현코자 애쓰는 사람이다.

그런 사람 속은 어떤 속임수나 거짓도 없이 맑고 투명하다. 그래서 하느님 뜻이 옹글게 그를 통하여 세상에 이루어진다.

햇빛과 바람이 자유자재로 통하는 곳에는 속임수와 거짓의 곰팡이가 피지 못한다.

주님, 저를 투명인간으로 만들어 주십시오. 그래서 당신의 빛이 저로 말미암아 막히거나 뒤틀리는 불상사가 일어나지 않게 해 주십시오. 지나친 욕심인가요? 그래도, 그대로 되든 안 되든, 이 욕심 하나 품고 살아보렵니다. 그건 허락하시겠지요?

임자가 바뀌었다

여러분이 죄의 종이었을 때는 여러분은 정의에 예속되지 않고 제멋대로 놀아났었습니다. 그 때에 여러분이 얻은 것이 무엇입니까? 지금 생각하면 부끄러운 일들밖에 없지 않았습니까? 그런 생활은 결국 죽음을 안겨 줍니다. 그러나 이제는 여러분이 죄에서 해방되어 하느님의 종이 되었습니다. 그 결과로 여러분은 거룩한 사람이 되었고 마침내 영원한 생명을 누리게 되었습니다. 로마서 6:20~22

같은 사람인데 완전히 달라졌다.

전에는 하는 일마다 부끄러운 일이요 결국은 허망을 안겨 줄 따름이었는데

이제는 영생을 누리는 거룩한 사람으로 살아간다.

어떻게 해서 이토록 달라졌는가?

그 사람 '임자' 가 바뀌었다.

전에는 자기 자신이 임자였다. 뭐든지 "자기 멋대로" 했다.

하느님이고 정의고 생명의 질서고 상관없이 제가 하고 싶은 대로만 했다.

부분이 전체에 예속되지 않고 제멋대로 놀아났다.

중추신경에서 단절되어 실룩거리는 와사증(喎斜症) 환자의 얼굴 근육처럼….

그러던 사람이 하느님을 임자로 모시게 되었다.

예수 그리스도라는 신의(神醫)한테 몸을 맡겨 단절된 신경줄을 다시 잇는 수술을 받은 것이다.

이제 더는 제멋대로 놀아날 수 없게 되었다.

일거수일투족을 오직 하느님 지시에 따라서만 움직이게 되었다.

명실상부 하느님의 수족으로 살게 된 것이다.

솔방울 하나가 소나무로 살아가듯이….

성한 사람이 아니라 병든 사람을 위해서 세상에 오신 주님. 온몸이 마비되어 제멋대로 움직이던 저를 수술해 주신 것 감사드립니다. 그 수술이 성공적으로 잘 이루어진 것에 대하여 진심으로 축하드립니다. 그런데 아직 잘 움직이지 않는 부분이 제 몸에 남아 있어요. 워낙 오래 된 중증(重症)이었기에 회복하는 데 시간이 걸릴 줄 알고는 있습니다만, 제 맘하고 상관없이 움직이는 제 몸을 볼 때면 조바심도 나고 자신에게 짜증도 납니다. 주님, 저에게 참을성을 주시어 모든 것을 견디며 모든 것을 바라게 도와주십시오. 나아가, 다른 사람들을 향해서도 오래 참고 기다려 줄 수 있도록 저를 붙들어 주십시오.

흥성망쇄 興盛亡碎

너는 갈대밖에 못 되는 주제에
이스라엘 족속의 지팡이가 되려고 하였다.
그들이 손을 내밀어 붙잡자, 너는 부러지며
도리어 그들의 팔에 온통 상처를 내주었다.
그들이 너에게 의지하려고 하자, 너는 부러지며
그들의 허리까지 온통 휘청거리게 만들었다.

그러므로 주 야훼가 말한다. 내가 원수를 너에게 들여보내 사람
과 짐승을 칼로 전멸시키리니, 에집트는 쑥밭이 되고 황폐해질
것이다. 그제야 사람들은 내가 야훼임을 알게 되리라. 이것은
그들이, 나일강은 내 것이다, 내가 만들었다―고 말한 죗값이
다. 에제키엘 29:6~9

　　신흥 제국 바빌론이 압박해 오자 이스라엘은 에집트에 원군
(援軍)을 청했다.

늙은 제국 에집트는 자기 주제를 모르고 이스라엘을 도우려다가 결국 패망의 길을 걷는다.

바빌론 제국 또한 에집트와 같은 길을 걸었다.

그 뒤로도, 지구별에는 수많은 제국들이 흥성망쇄(興盛亡碎)의 길을 밟아왔다.

그 행렬은 지금도 계속되고 있다.

제국을 무너뜨리려고 애쓸 것 없다. 무망(無望)한 시도다.

어떻게 하면 그것의 막강한 세력 앞에 무릎 꿇지 않고, 그 도움을 의존하지 않고, 당당하게 살아갈 것이냐?

그 길을 찾아 그 길을 갈 뿐이다.

주님, 사람이 정직하지 않고 그래서 거짓말을 좀 해도 '경제'만 살려 준다면 기꺼이 지도자로 모시겠다는 돌아버린 민심(民心)이, 바다 건너 제국을 신명나게 하고 있습니다. 하지만 제 눈에는 바야흐로 자본주의 제국의 멸망이 다가오는 게 보입니다. 이럴 때일수록 정신 바짝 차려서 사람이 돈과 하느님을 겸하여 섬길 수 없다는 당신 말씀에 저의 삶을 오로지 의탁하고, 주어진 길을 곧장 가게 도와주십시오. 저로 하여금 돈을 겁내지도 말고 경멸하지도 말고, 의연하게 그 주인으로 행세하는 인간의 존엄을 잃지 않도록 지혜와 용기를 주십시오.

하늘에 맡기다

베냐민과 유다 지파에서도
요새로 다윗을 찾아가 합세한 사람들이 있었다.
다윗은 그들을 나와 맞으며 말하였다.
"그대들이 내 편이 되어 나를 도우러 왔다면,
나도 같이 일할 마음이 있소.
나는 그대들에게 부당한 일을 하지 않겠소.
그런데 그대들이 나를 배신하고 나를 원수의 손에 넘겨준다면,
우리 선조들을 보살피시던 하느님께 벌을 받을 것이오."
역대기상 12:17~18

다윗이 사울을 피하여 광야를 유랑할 때 많은 무리가 그를 찾아와 합세했다.

다윗은 찾아오는 자들을 선별하지 않고 모두 받아들였다.

그러므로 그들 가운데 누군가 다윗을 배신하여 사울에게 넘

겨줄 가능성은 언제나 있었다.

그런 줄 알면서도 다윗은 그들을 받아들인다.

운명을 하늘에 맡긴 영웅다운 모습이다.

나아가, 배신하는 자는 "내가 응징하겠다."고 말하지도 않는다.

자기가 할 수 있는 일은 하겠다고 약속하되, 앙갚음은 하늘에 맡긴다.

다윗이 거저 다윗이 아니다.

저에게 주어진 일, 제가 할 수 있는 일은 두려움도 망설임도 없이 하되, 내일을 위하여 힘을 남겨 두지 말게 하소서. 그러나 그 밖의 일은 모두 하늘에 맡기고 주제넘게 참견하는 일 또한 없게 하소서. 제가 세상에 와서 잠시 동안 당신의 일을 조금 하다가 갈 뿐임을 유념하여 잊지 않도록 노력하겠습니다.

일진 日辰 사나운 날

그들은 예수를 끌고 나가다가
시골에서 성 안으로 들어오고 있던
시몬이라는 키레네 사람을 붙들어
십자가를 지우고 예수의 뒤를 따르게 하였다.

루가복음 23:26

그날이 시몬에게는 일진(日辰) 사나운 날이었던가?

그날에는 아마도 그랬을 것이다.

저 많은 사람들 가운데 왜 하필 나냐고, 더럽게 재수 나쁜 날
이라고, 투덜거렸을지 모른다.

그러나 그날이 있었기에 키레네 사람 시몬은,

살아 있는 예수를 가슴에 모신 '거듭난 사람들' 무리에 들게
되었고

그래서 그 이름을 오늘 나도 이렇게 알고 있는 것이다.

그러니, 시몬에게 그날은 결코 일진 사나운 날, 재수 옴 붙은 날이 아니었다.

당신 때문에 생긴 일이라면, 그 일이 아무리 황당하고 역겨운 일이라 해도, 그것이 저를 살게 하고 저를 앞으로 나아가게 합니다. 비록 저의 어리석음이 꼬투리가 되어서 일어난 일이라 해도, 당신에게만 연결이 되면, 영락없이 그 일로 제가 살고 제가 행복해집니다. 이 알 수 없는 기적을 목숨 다하는 순간까지 체험하게 하소서.

폭력의 다른 얼굴

예수께서 예리고에 가까이 가셨을 때의 일이었다. 어떤 소경이 길가에 앉아 구걸하고 있다가 군중이 지나가는 소리를 듣고 무슨 일이냐고 물었다. 사람들이 나자렛 예수께서 지나가신다고 하자 그 소경은 곧 "다윗의 자손이신 예수님, 저에게 자비를 베풀어주십시오." 하고 소리질렀다. 앞서가던 사람들이 그를 꾸짖으며 떠들지 말라고 일렀으나 그는 더욱 큰 소리로 "다윗의 자손이시여, 저에게 자비를 베풀어 주십시오." 하고 외쳤다. 예수께서는 걸음을 멈추시고 그 소경을 데려오라고 하셨다. 소경이 가까이 오자 "나에게 바라는 것이 무엇이냐?" 하고 물으셨다. "주님, 볼 수 있게 해주십시오." 하고 그가 대답하자 예수께서는 "자, 눈을 떠라. 네 믿음이 너를 살렸다." 하고 말씀하셨다. 그러자 그 소경은 곧 보게 되어 하느님께 감사하며 예수를 따랐다. 이것을 본 사람들은 모두 하느님을 찬양하였다.

루가복음 18:35~43

꽃

소경이 처음 말하기를 "다윗의 자손이여, 저에게 자비를 베풀어 주십시오." 하였다.

예수께서는 그를 가까이 오게 하시고 물으셨다. "나에게 바라는 것이 무엇이냐?"

자비를 베풀어 달라고 이미 말했는데 왜 이런 질문을 하셨을까?

사람이 사람에게 자비를 베푸는 데도 예절이 필요하다. 예수께서는 그 예절을 갖추시어 이렇게 물으셨던 것이다.

"사람이 자비를 베푸는 데는 여러 길이 있습니다. 그 여러 길들 가운데 어느 것을 택하시겠습니까? 나로 하여금 당신이 택한 길로 당신에게 자비를 베풀 수 있도록 해 주십시오. 내가 당신에게 어떻게 해 주기를 바랍니까?"

도움을 받는 자에게도 겸손한 마음과 예절바른 태도가 있어야 하지만, 도움을 주는 자에게도 똑같이 겸손한 마음과 예절바른 태도가 있어야 한다. 도움 받을 자의 마음과 형편을 아랑곳하지 않고서 제 맘대로 자비를 베풀고 제 방식대로 남을 돕는 것은 다른 얼굴의 폭력이다.

"사랑은 무례하지 않습니다."(1고린토 13:5)

주님, 돌이켜보면 제가 참 많은 잘못을 저질렀습니다. 제 맘대로 누구를 도우려다 오히려 그에게 상처를 입힌 경우가 한두 번이 아닙니다. 아아, 주님. 다시는 그런 종류의 폭력을 행사하고 싶지 않습니다. 제발 저를 도와주십시오.

마음을
거울같이 쓰라 用心若鏡

"조심하여라.
네 형제가 잘못을 저지르거든 꾸짖고
뉘우치거든 용서해 주어라.
그가 너에게 하루 일곱 번이나 잘못을 저지른다 하여도
그 때마다 너에게 와서 잘못했다고 하면 용서해 주어야 한다."
루가복음 17:3~4

형제가 잘못을 저지르거든 꾸짖고 뉘우치거든 용서하라는 말
씀은, 마음을 거울같이 쓰라用心若鏡는 말씀이다.

사물이 제 앞에 서기 전에는 그 모습을 비춰주지 않고, 사물
이 떠난 뒤에는 그 모습을 간직하지 않는다. 그것이 거울이다.
잘못을 저지르면 꾸짖고 뉘우치면 용서한다. 잘못을 저지르기
전에 용서하거나 뉘우치기 전에 꾸짖는 일은 있을 수 없다.

모든 행위(action)가 반응(reaction)인데, 거기에 한 오라기의 사심(私心)도 작용하지 않는다.

사람이 과연 그럴 수 있는가를 의심하는 대신 할 수 있는 만큼 자기를 맑게 비우는 것이,

그렇게 살다 가신 분을 스승으로 모시는 자의 마땅한 도리다.

"한 친구가 저에게 하루 일곱 번이나 잘못을 저지르고는 그 때마다 와서 잘못했다고 하는데, 처음에는 진심으로 그러는 것 같더니 언제부턴가 재미가 붙었는지 건성으로 잘못했다고 그럽 니다. 그래도 용서를 해야 합니까?"

"그가 건성으로 잘못했다고 그러는 줄 알았으면 꾸짖어야 하 지 않겠느냐? 별 걸 다 묻는구나."

"언제까지 꾸짖어야 합니까?"

"그가 진심으로 뉘우칠 때까지다."

"…"

"거울은 수를 세지 않는다!"

오늘은 더 드릴 말씀이 없네요. 맞습니다, 거울은 수를 세지 않습니다.

오직 앞에 있다

베드로가 돌아다보았더니
예수의 사랑을 받던 제자가 뒤따라오고 있었다.
그 제자는 만찬 때에 예수의 옆 자리에 앉아 있다가
"주님, 주님을 팔아넘길 자가 누굽니까?" 하고 묻던 제자였다.
그 제자를 본 베드로가,
"주님, 저 사람은 어떻게 되겠습니까?" 하고 예수께 물었다.
예수께서는
"내가 돌아올 때까지 그가 살아 있기를 내가 바란다고 한들
그것이 너와 무슨 상관이 있느냐?
너는 나를 따라라." 하고 말씀하셨다.

요한복음 21:20~22

이 대화는 예수께서 베드로에게 "나를 따르라"고 말씀하신
바로 뒤에 있은 것으로 기록되어 있다.

"나를 따르라"는 말은 앞서 가는 사람이 뒤에 있는 사람에게 하는 말이다.

뒤에 있는 사람이 그 말대로 하려면 앞을 보아야 한다. 뒤를 보면 앞에 가는 사람을 따를 수가 없다.

그러므로 베드로는 앞을 보아야 했다. 그런데 뒤를 돌아다보았다.

그러자 예수 대신 동료인 제자가 보였다.

동료인 제자를 보자, 자기한테 소용도 없고 도움도 되지 않고 오히려 방해가 될 '호기심'이 떠올랐다.

제자 된 자의 길은 뒤에도 옆에도 없다.

오직 앞에 있다.

거기 스승이 계시기 때문이다.

주님, 당신을 따르겠다면서도 제 눈은 이리저리 한눈팔고 지난 일 돌아보느라고 쓸데없이 바쁩니다. 이 노릇을 어찌해야 할는지 모르겠어요. 주님, 무슨 일을 당하든지, 누구를 만나든지, 저로 하여금 앞에 가시는 당신을 놓치지 말고 당신만 바라보며 따라가게 도와주십시오.

없는 믿음

이렇게 말해야 했던 야고보 선생의 심정은 헤아려지지만, 자칫 오해를 불러일으킬 소지가 있는 발언이다.

무슨 오해야 하면, 행동이 따르지 않아도 믿음이 가능하다는 오해다.

먼저 믿음이 있고 그 뒤에 행동이 따르는 게 아니다.

믿음과 행동은 둘이 아니라 하나다.

믿음 곧 행동이요, 행동 곧 믿음이다.

그러므로, 행동이 뒤를 따르지 않는 믿음은 '죽은' 믿음이 아니라 처음부터 '없는' 믿음이다.

죽은 믿음이 되려면 잠깐이라도 살아 있어야 한다.

많은 사람이 자기가 주를 믿고 있는 줄로 착각한다. 그래서 주의 이름을 밤낮으로 부르며 그분의 가르침과 상관없는 짓을 천연덕스럽게 하는, 기이(奇異)한 일들이 벌어지고 있는 것이다.

야고보의 이 말은, 믿음 따로 행동 따로라는 오해를 방지하기 위하여 이렇게 수정될 필요가 있다.

"그러므로 여러분은 사람이 믿음만으로 하느님과 올바른 관계를 가지게 된다는 것을 알아두십시오. 아울러, 구체적인 행동으로 표현되지 않는 믿음은 믿음이 아니라는 점도 알아두십시오."

주님, 말로만 당신을 따르고 말로만 이웃을 사랑하는 사기꾼만큼은 되지 않도록 저를 도와주십시오. 사람으로 태어나 무슨 할 짓이 없어서 저를 속이고 세상을 속이며 산단 말입니까? 그건 정말이지 싫습니다. 제발 도와주시어, 저의 말과 삶이 하나 되게 해 주십시오.

필유아사 必有我師

어떤 사람들은 음행을 일삼다가 하루에 다 죽어 넘어졌는데 그 수가 이만 삼천 명이나 됩니다. 우리는 그들처럼 음행에 빠져서는 안 되겠습니다. 또 어떤 사람들은 주님을 떠보다가 뱀에게 물려 죽었습니다. 우리는 그들처럼 주님을 떠보는 자가 되어서는 안 되겠습니다. 그리고 또 어떤 사람들은 불평을 하다가 살육의 천사의 손에 멸망을 당하였습니다. 우리는 그들처럼 불평하는 자가 되어서는 안 되겠습니다. 그들이 이런 일을 당함으로써 다른 사람들에게는 경고가 되었으며 그것이 기록에 남아서 이제 세상의 종말을 눈앞에 둔 우리에게는 교훈이 되었습니다.

1고린토 10:8~11

삼인행(三人行)이면 필유아사(必有我師)라, 세 사람이 길을 가면 거기에 반드시 내 스승이 있다 하였다.

바르게 걷는 사람은 본받을 스승이요, 그르게 걷는 사람은 본받지 않을 스승이다.

　제대로 배우려는 학생에게는 온 세상이 교실이요 선생 아닌 존재가 없다.

　일어나는 모든 사건이 그대로 실물(實物) 교과서다.

주님, 언제 어디서나 배우려는 학생 정신을 잃지 않게 해 주십시오. 모르는 것을 자랑할 것은 없지만 부끄러워하지 않게 하시고, 모자라는 것을 감추려 하지 않게 하시며, 넘어졌을 때 절망하여 포기하지 않도록 저를 도와주십시오. 저에게 평생토록 배우는 학생으로 살아갈 기회를 주셔서 고맙습니다. 날마다, 시간마다, 눈 앞의 스승을 보지 못하고 지나치는 일이 없게 해 주십시오. 과거 일이든 현재 일이든 비난이나 원망의 소재로 삼지 않고 오직 저에게 진리를 가르치는 교재로 받아들이겠습니다. 도와주십시오.

어찌 알겠는가?

이다지도 좋을까, 이렇게 즐거울까!
형제들 모두 모여 한데 사는 일!

시편 133:1

이산가족으로 뿔뿔이 흩어져 살아보지 않은 사람은 모른다!
죽었다 깨어나도 모를 것이다.
아무렴, 모르고 말고!
어둠을 겪어보지 않은 사람이 빛의 밝음을 어찌 알겠는가?
그런즉, 모든 상실(喪失)이 끝내 슬프기만 한 것은 아니다.
모든 좌절이 끝내 아프기만 한 것은 아니다.

주님, 그런 줄 압니다만, 그래도 아픈 것은 아픈 것이고 슬픈 것은 슬픈 것입니다. 아프면 아픈대로 아파하고 슬프면 슬픈대로 슬퍼하게 도와주세요. 당신이 붙들어 주지 아니하시면, 저 혼자서는 아파하고 슬퍼하는 것도 제대로 못한다는 거 잘 아시지 않습니까? 그래서요, 주님! 아파하되 아픔에 삼키지 않고 슬퍼하되 슬픔에 질식되지 않도록 저를 지켜 주시고 이끌어 주십시오.

시련의 과정

그러므로 기뻐하십시오.
여러분이 지금 얼마 동안은
갖가지 시련을 겪으면서 슬퍼할 수밖에 없겠지만
그것은 여러분의 믿음을 순수하게 만들기 위한 것입니다.
결국 없어지고 말 황금보다 훨씬 더 귀한 여러분의 믿음은
많은 단련을 받아 순수한 것이 되어
예수 그리스도께서 나타나시는 날에
칭찬과 영광과 영예를 차지하게 될 것입니다.
1베드로 1:6~7

예수를 믿는 자로서 이런 저런 시련을 겪으면서 슬퍼할 수밖에 없는 사람은 기뻐하라는 이야기다. 그 슬픔이 바로 기쁨의 씨앗이기에….

황금이 도가니에서 단련을 받아 순수해지듯이, 그리스도인의

믿음은 시련을 통해 순수해져야 한다.

순수해진다는 것은 잡것이 제거되어 깨끗한 본질로 돌아간다는 뜻이다.

그리스도의 가르침(말씀)을 따라서 살아가는 데 이런 저런 이유나 목적 따위가 제거되어, 그냥 그대로, 그림자가 실물을 따르듯이, 그렇게 따를 수 있으려면 많은 시련을 겪어야 한다.

위대한 믿음의 전사(戰士)들이 예외 없이 그 길을 걸었다.

그러니, 예수 때문에, 그 이름 때문에, 어려움을 겪고 있다면 그것 자체를 기쁨으로 감사할 일이다.

지금 당장은 어렵다 해도 머잖아 그렇게 될 것이다.

금(金) 제련공이 잡금을 도가니에 넣었다. 어찌 순금(純金)으로 태어나지 않을 수 있겠는가?

주님, 어려운 일을 당할 때마다 이 말씀을 기억하게 하소서. 이것이 그냥 어렵기만 한 일이 아니라 목적이 분명한 단련의 과정임을 알고 잘 견딜 수 있도록 도와주십시오.

베드로의 두 얼굴

시몬 베드로는 여전히 거기 서서 불을 쬐고 있었다.
그것을 보고 사람들이
"당신도 저 사람의 제자가 아니오?"하고 물었다.
그러나 베드로는 아니라고 부인하였다.

요한복음 18:25

베드로가 스승을 세 번 부인한 사실이 어떻게 복음서에 기록되었을까?

본인의 진술이 없었다면 세상은 그 사실을 몰랐을 것이다.

베드로는 자기가 스승을 모른다고, 나는 그의 제자가 아니라고, 세 차례나 거듭 부인한 사실을 부인하지 않았다.

부인하지 않은 정도가 아니라 스스로 자백했다.

이 두 다른 얼굴의 베드로 사이에 부활 예수가 존재한다.

예수의 부활은 베드로의 거듭남으로 열매 맺었다.

주님, 올해도 어김없이 당신의 부활절이 다가옵니다. 우리로 하여금, 당신의 부활을 추억하고 당신의 부활에 대한 기록들을 읽고 할렐루야 노래를 부르고 색칠한 달걀이나 삶아서 먹는 일로 이 절기를 보내지 않게 도와주십시오. 그런 짓 하느라고 우리의 눈 먼 에고로부터 해방되기를 기다리는 당신을 눈치조차 채지 못하는 어리석음에서 부디 해방시켜 주십시오. 우리의 삶이 그대로 당신 부활의 증거가 되고 열매가 되기를 간구하나이다.

사이비似以非를
멀리하는 길

마지막 때에 어려운 시기가 닥쳐오리라는 것을 알아두시오. 그때에 사람들은 이기주의에 흐르고 돈을 사랑하고 뽐내고 교만해지고 악담하고 부모에게 순종하지 않고 감사할 줄 모르고 경건하지 않고 무정하고 무자비하고 남을 비방하고 무절제하고 난폭하고 선을 좋아하지 않고 배신하고 앞뒤를 가리지 않고 자만으로 부풀어 있고 하느님 보다 쾌락을 더 사랑할 것이며 겉으로는 종교생활을 하는 듯이 보이겠지만 종교의 힘을 부인할 것입니다. 이런 자들을 멀리하시오. 2디모테오 3:1~5

자기 주장을 내세우며 정의를 등에 업고 '투쟁'의 깃발 높이 든 자들을 어떻게 멀리할 것인가?

저마다 제 나라 국익(國益)을 최고 가치로 삼고 협상 테이블에서 거짓 미소와 악수를 교환하는 현장을 무슨 수로 멀리할 것인가?

불의한 현실을 외면하는 비겁한 자요 저만 챙기는 이기주의자라는 비난을 감수하지 않고서는 저들을 멀리할 다른 방도가 없다.

사이비(似以非)를 멀리하는 길은, 그렇다, 사이비를 멀리하는 데 있지 않고 진실을 가까이하는 데 있다.

누가 무슨 말로 비방하든, 되받아 비방하지 않는 데 그를 멀리하는 길이 있다.

주님, 부지런히 길을 가되 가는 길에 붙잡히지 않고, 사람을 진심으로 사랑하되 사랑하는 사람에 매이지 않고, 정성껏 일하되 하는 일에 노예가 되지 않도록 저를 도와주십시오. 더는 사이비들의 근사한 말에 휘둘려 길을 잃고 싶지 않습니다. 그들을 멀리할 궁리로 머리 돌리지 말고 빛이신 당신께로 가까이 가는 일에 정성을 쏟아야 하겠습니다. 주님, 당신이 자유로우셨듯이 저도 자유롭고 싶습니다. 제가 이렇게 원하고 주님 또한 원하실 터인즉 안 될 까닭이 없겠지요? 믿고 참으며 기다려보겠습니다.

보는 것을 보는 눈이

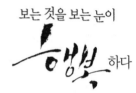행복하다

초판 1쇄   2008년 8월 1일

이현주 지음

발 행 인 | 신경하
편 집 인 | 김광덕

펴 낸 곳 | 도서출판 kmc
등록번호 | 제2-1607호
등록일자 | 1993년 9월 4일

(100-101) 서울특별시 중구 태평로1가 64-8 감리회관 16층
(재)기독교대한감리회 출판국

대표전화 | 02-399-2008, 02-399-4365(팩스)
홈페이지 | http://www.kmcmall.co.kr
            http://www.kmc.or.kr

디자인 · 인쇄 | 리더스 커뮤니케이션 02)2123-9996/7

값 11,000원
ISBN 978-89-8430-395-9 03230